الذكاء المتعدد

أنشطة عملية ودروس تطبيقية

370.3

المؤلف ومن هو في حكمه: شذى محمد بوطه

عنـــوان الكتـــاب: الذكاء المتعدد - أنشطة عملية ودروس تطبيقية

رقم الإيـــــداع: 2011/3/1041

الترقيم الدولي: ISBN: 978-9957-90-003-8

الواصفات: طرق التعلم/ أساليب التدريس/ التدريس

* تم إعداد بيانات الفهرســة والتصنيف الأولية من قبل دائرة المكتبة الوطنية

الطبعة الأولى

مركز ديبونو لتعليم التفكير

عضو اتحاد الناشرين الأردنيين

عضو اتحاد الناشرين العرب

يطلب هذا الكتاب مباشرة من مركز ديبونو لتعليم التفكير

عمّان- شارع الملكة رانيا- مجمع العيد التجاري - مبنى 320- ط4

هاتف: 962-6-5337003 / 962-6-5337029

فاكس: 962-6-5337007

ص. ب: 831 الجبيهة 11941 المملكة الأردنية الهاشمية

E-mail: info@debono.edu.jo

www.debono.edu.jo

الذكاء المتعدد
أنشطة عملية ودروس تطبيقية

تأليف

شـذى محمد بوطـه

الناشر

مركز ديبونو لتعليم التفكير

بسم الله الرحمن الرحيم

قَدْ كَرَّمْنَا بَنِي آدَمَ وَحَمَلْنَاهُمْ فِي الْبَرِّ وَالْبَحْرِ وَرَزَقْنَاهُم مِّنَ الطَّيِّبَاتِ وَفَضَّلْنَاهُمْ عَلَى كَثِيرٍ مِّمَّنْ خَلَقْنَا تَفْضِيلاً {70})

صدق الله العظيم

(سورة الإسراء: 70)

الإهداء

إلى أبي وأمي
اللذان غرسا في أعماقي
حب التميز والتطلع إلى القمة
ومنحاني الثقة في نفسي

إلى زوجي
الذي قدم لي الدعم والتشجيع
لأحقق النجاح تلو النجاح

إلى كل معلم ومعلمة وضعوا على عاتقهم
بناء جيل يتميز بالذكاء
في مجابهة تحديات العصر

أقدم هذا الجهد المتواضع

شذى محمد بوطه

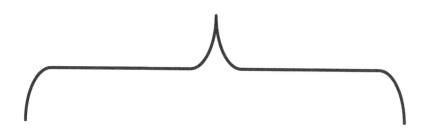

« لعل من الأهمية القصوى بمكان أن نتعرف على جميع الذكاءات البشرية المتفاوتة وجميع توليفاتها وأن نتعهدها بالرعاية والاهتمام فنحن جميعا مختلفون لأننا لدينا كلنا توليفات ذكاءات مختلفة ، فإذا ما اعترفنا بذلك فعلى الأقل ستكون لدينا فرصة أفضل للتعامل السليم مع المشكلات الكثيرة التي نواجهها في هذا العالم »

Howard Gardner

المحتويات

تقديـم

إن المتأمل لفصولنا الدراسية يلاحظ ما يخيم عليها من أجواء الملل والكآبة وانعدام الدافعية للتعلم لدى الطلبة ويراها تعج بالطرق التقليدية في عرض المناهج الدراسية ومحتوياتها المختلفة دون مراعاة للفروق الفردية بين التلاميذ المتلقين لهذه المادة، بعيدة كل البعد عن التركيز على التنوع والاختلاف في الطريقة التي يسهل على كل تلميذ أن يتلقى بها المعلومة، وكأن القائمين على تسيير الشئون التعليمية واضعين نصب أعينهم مهمة واضحة محددة لا يحيدون عنها ألا وهي العمل على حشو أدمغة التلاميذ بأكبر كم من المعلومات، دون المبالاة لما يترتب على هذه الجهود الجبارة المبذولة من مخرجات ضعيفة واهية لا يستطيع صاحبها مواجهة الواقع وممارسة الحياة العملية على ضوء ما تراكم لديه من محصول تعليمي معرض للتبخر والنسيان والتلاشي مع نهاية العام الدراسي إن لم يكن في نهاية الحصة الدراسية ذاتها.

إن الفلسفة التي تقوم عليها جل مؤسساتنا التعليمية هي العمل على بناء التحصيل الأكاديمي للفرد، غير آخذة بعين الاعتبار بناء الإنسان من مختلف جوانبه الشخصية وإعداده للحياة العملية، والتركيز على مدى قدرته على حل ما يواجهه من مشكلات مختلفة في حياته اليومية.

كثيراً ما كان يؤرقني هذا الأمر خلال سنوات عملي المختلفة، وطال بحثي عن برنامج يدعم تفريد التعلم لدى الطلبة ويساهم في تقديم الخبرات ذات المعنى التي يبقى أثرها وينتقل مع الطالب إلى الحياة العملية.

كم كنت أبحث عن منظور يقارن أداء الطالب اليوم بأدائه بالأمس ولا يقارنه بغيره من الطلاب أو بأداء اختبار معياري.

منظور يسعى لأن يُشرك الطلاب في العملية التعليمية والأنشطة التعليمية بطريقة تُعدهم للحياة الحقيقة. ولا تجعل دورهم يقتصر على تقبل المعلومات التي يضخها المعلم في أذهانهم ليقومون بتخزينها واستدعائها وقت الاختبارات التحصيلية ويترتب عليها تكوين صورة عن مستوى الطالب وقدراته.

وكم طال بحثي في هذا المجال إلى أن وقفت على نظرية الذكاء المتعدد التي توصل إليها البروفيسور هوارد جاردنر من جامعة هارفرد الأمريكية لأشعر بأنني قد وجدت ضالتي في منظور يسعى لتوسيع نطاق الإمكانات البشرية إلى ما وراء حدود العلامات التي تسجلها اختبارات الذكاء IQ.

لقد جاء هذا الكتاب كثمرة عملي مدة تزيد على خمس سنوات منذ اطلاعي على هذه النظرية في سعي حثيث للوقوف على العديد من التطبيقات والأنشطة التي تدعم الذكاءات التي ذكرها جاردنر في نظريته.

ورغم وقوفي على العديد من المؤلفات التي تسرد النظرية وتوضح الخلفية التاريخية لها وتعرض أنواع الذكاءات وكيفية التعرف عليها لدى الأفراد، إلا أن المراجع كانت شحيحية في مجال التطبيقات العملية لرفع مستوى الذكاءات لدى الأفراد والأنشطة المساعدة على تعزيز هذه الذكاءات وخاصة في مجال تطبيقها مع الطلبة في الفصول الدراسية.

لقد جاء هذا الكتاب المتواضع ليضع بين يدي القارئ العديد من الأنشطة التي تم تصميمها وجمعها من العديد من المصادر والمراجع العربية والأجنبية على مدار فترة زمنية طويلة، وخلاصة تجربة على عدد كبير من الطالبات والمعلمات والمتدربات.

فكان الفصل الأول في الكتاب للتعريف بمفهوم الذكاء والوقوف على بعض مقاييس الذكاء والتركيز على بروز نظرية الذكاء المتعدد والجانب النظري فيها.

وجاء الفصل الثاني للتعريف بأنواع الذكاءات الثمانية التي ذكرها جاردنر وسمات

كل نوع من الذكاءات مضافاً إليه عدد كبير من التطبيقات والأنشطة لتنمية هذا الذكاء لدى الأفراد وأهم الأساليب التدريسية المناسبة لها.

وتبعه الفصل الثالث ليلقي الضوء على مؤشر الذكاء لدى الأفراد ولدى الطلاب.

وجاء الفصل الرابع ليلقي الضوء على ما أضافته النظرية في مجال التدريس وعلاقتها بالتحصيل لدى الطلبة وتركز على دور المعلم والطالب في تطبيق استراتيجية الذكاء المتعدد في الصف وكيفية التخطيط للتدريس بمراعاة الذكاء المتعدد.

وكانت الخاتمة في الفصل الخامس بعرض دروس مصممة باستخدام الذكاء المتعدد كنماذج مما تم تطبيقه في الفصول الدراسية في عدة مواد مختلفة.

وخلال رحلتي في البحث عن الأنشطة قمت بتعديل الكثير منها واستبدال بعضها بنماذج أخرى نظراً لما كان يطرأ في ذهني من مستجدات خلال فترة العمل وما يظهر من متغيرات في الساحة.

وقد أتاحت لي فرصة العمل في الإشراف التربوي على عدد من المعلمات المجال لطرح العديد من الأفكار والتطبيقات لهذه النظرية في تدريس المواد خاصة لطالبات المرحلة الابتدائية وإمكانية ملاحظة التطبيق العملي لها مع الطالبات والوقوف على أثر تطبيقها على كل من المعلمة والطالبة وكم كنت أسعد بقدرة الطالبات على التمييز بين أنواع الذكاءات من خلال الأنشطة المنفذة وقدرتهن على التوصل لأنواع الذكاء التي تتحلى كل واحدة منهن بها.

كما تم الحرص على تطبيق العديد من الأنشطة من خلال برامج لامنهجية خارج إطار المدرسة على فئات مختلفة من الأطفال (الذكور والإناث) وعلى الفتيات من المراحل المتوسطة والثانوية.

وعلى متدربات في العديد من البرامج التدريبية بمختلف الأعمار.

وكنت ألاحظ خلال هذه السنوات مستوى التقدم في الأداء بعد فترة من توظيف الذكاءات خلال عدد من الأنشطة المتدرجة المستويات، وكنت أرقب في تلك الأثناء مدى ارتفاع مستوى الدافعية للتعلم ونمو الثقة بالنفس على تلك الفئات والشعور بالسعادة لقدرة هذه الأنشطة على توظيف الطاقات الكامنة لديهن.

وختاماً لا يفوتني في هذا المقام إلا أن أتقدم بالشكر والعرفان لكل من دعمني وشجعني وكان عوناً لي حتى يرى هذا الكتاب النور، وأخص بالشكر الأستاذة أميرة الهاشم التي أهدتني كتاب "الذكاء المتعدد" في غرفة الصف. لثوماس أرمستورنج فكانت قراءتي له بداية اهتمامي بهذه النظرية والمحفز للغوص في غمارها والغوص في أعماقها.

وأتقدم بالشكر لأسرة مركز ديبونو لتعليم التفكير وفي مقدمتهم الأستاذ الفاضل: ثائر حسين والأستاذ الفاضل رياض الأزايدة، على دعمهم وتشجيعهم المستمر خلال عملي في هذا الكتاب.

والشكر موصول لفريق المعلمات اللواتي ساهمن في تطبيق العديد من الأنشطة المعروضة في الكتاب على طالباتهن وملاحظة أثر تطبيقها وهن كثر يضيق المكان بذكر أسمائهن جميعاً.

شذى محمد بوطه

2011/01/01م

الفصل الأول

مفهوم الذكاء ونظرية الذكاء المتعدد

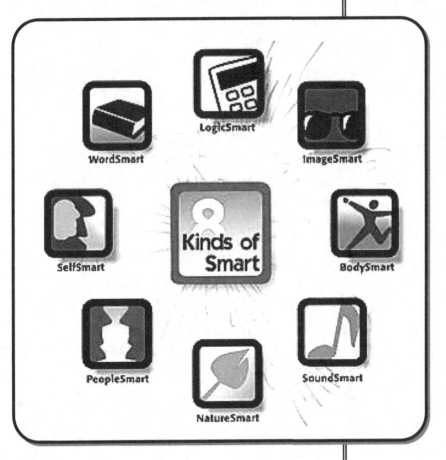

الفصل الأول

مفهوم الذكاء ونظرية الذكاء المتعدد

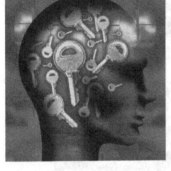

تمهيد

الذكاء هبة من الله يمنحها لعباده بنسب متفاوتة كالرزق والجمال وغيرهما من الصفات.

وكثير من الناس يمتلكون قدرات بشرية هائلة وطاقات كامنة ، لكن المشكلة أن غالبيتهم لا يستغلون ذكائهم وقدراتهم الذهنية التي أعطاهم الله إياها.

لقد أوضحت الدراسات العلمية أن الناس يعتمدون فقط على 10% أو أقل من الموارد العقلية لديهم حتى عندما يبذلون أكبر جهد لديهم في التفكير. ونهدف من خلال هذا البرنامج إلى كشف تلك العبقرية الكامنة لديك، بما يمكنك من استغلال أكبر كم ممكن من الـ 90% الباقية من قدراتك الذهنية.

ولعل المشكلة التي يعاني منها أغلب الناس أنهم يعتقدون أن هناك نوعًا واحدًا فقط من الذكاء ألا وهو الذكاء المنطقي، وإذا سألتهم عن معنى الذكاء قالوا لك إنه القدرة على تكوين المفاهيم وحل المشكلات والحصول على معلومات وتفسيرات مع أن هذا جزء واحد فقط من الذكاء ، هذا الفهم الخاطئ يؤدي بلا شك إلى عدم استغلال الطاقة الذهنية بصورة متكاملة وإهدار معظمها.

وقبل الخوض بالحديث في هذا الجانب يجدر بنا أن نقف على تعريف المفهوم الذكاء في اللغة والوقوف على بعض التعريفات التي عرف بها العلماء الذكاء.

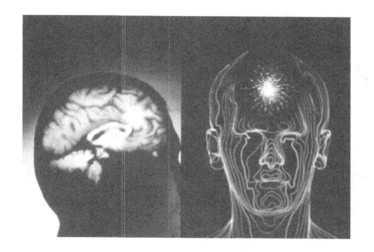

الذكاء في اللغة:

كلمة ذكاء في اللغة العربية مشتق من الفعل الثلاثي ذكا ويذكر المعجم الوسيط في أصل الكلمة: ذكت النار ذكوا أي اشتد لهبها واشتعلت ، ويقال: ذكت الشمس أي اشتدت حرارتها، وذكت الحرب أي أتقدت، وذكت الريح أي فاحت (طيبة أو غير طيبة) ،وذكا فلان أي سرع فهمه وتوقد ، وذكت النفس أي طهرت ، ومن كتب التراث البارزة حول هذا الموضوع كتاب الأذكياء ، الذي ألفه أبو الفرج بن الجوزي والذي يقول فيه عن مفهوم الذكاء:

أ -   حد الذهن: قوة النفس المهيأة المستعدة لاكتساب الآراء.

ب-   وحد الفهم: جودة التهيؤ لهذه القوة.

ج-   وحد الذكاء: جودة الحدس من هذه القوة يقع في زمان قصير غير مهمل فيعلم الذكي معنى القول عند سماعه.

وبهذا حددوا الفهم فقالوا حد الفهم العلم ، وحد الذكاء سرعة الفهم وحدته والبلادة جموده.

الذكاء عند الفلاسفة وعلماء النفس:

خرجت الكلمة اللاتينية INTELLIGENTIA إلى حيز الوجود على لسان الفيلسوف الروماني شيشرون، الذي ابتكرها، لتعني حرفيا معنى الكلمة اليونانية NOUS ولكن الكلمة اللاتينية كانت الأكثر شيوعا في اللغات الأوروبية الحديثة بنفس الصورة والشكل.. فهي في اللغتين، الإنجليزية والفرنسية - INTELLIGENCEوتعني لغويا فيهما: الذهنINTELLECT- والعقل-MIND والفهم- UNDERSTANDING والحكمةSAGACITY ، وقد ترجم هذا المصطلح إلى العربية في بداية اهتمام علماء النفس العرب بهذا العلم في صورته العلمية الحديثة بكلمة (ذكاء).

ويرجع المفهوم الحديث للذكاء إلى الفيلسوف الإنجليزي هربرت سبنسر، فقد قام بمتابعة أرسطو والمدرسة الاسكتلندية في الفلسفة - واعترف بوجود جانبين للحياة العقلية، هما: الجانب المعرفي والجانب الوجداني - وتتضمن الناحية المعرفية: العمليات التحليلية من جهة والعمليات التركيبية من جهة أخرى، أما وظيفتها الأساسية فهي مساعدة الإنسان على التكيف مع بيئته المتغيرة بطريقة أكثر فعالية.

تعريف الذكاء

اختلف العلماء على تعريف الذكاء.. فمنهم من يقول أنه القدرة على التحليل بسرعة عالية.. ومنهم من يربطه بقوة الذاكرة.. ومنهم من يقول أن الذكاء هو مجموعة من الخبرات المتراكمة عند الشخص.

وفيما يلي استعراض بعض أراء وتعريفات العلماء في الذكاء:

فنجد أن السمالوطي قام بتقسيم نظرة العلماء للذكاء إلى قسمين، حيث يركز القسم الأول على الوظيفة والغاية مثل كهلر Kohler، Terman ترمان، Thurstone ثرستون، والقسم الثاني يركز على الذكاء البناء وما يحتوي عليه من أقسام مثل سبيرمان Spearman ، Colvin كلفن. Thorndike ثورنديك، ويرى هنت Hunt بأن الذكاء فن مكتسب لدى الطفل يمكنه من تنسيق المعلومات التي تزوده بها حواسه.

أما فراج فيرى أن تعريفات الذكاء لا تخرج عن كونها قدرة على التكيف مع البيئة أو قدرة على التعلم أو قدرة على التفكير المجرد.

وعرفه كلن Kilne: بأنه قدرة من نوع خاص، وهذه القدرة مفيدة في حل مشكلة عامة.

ويستخلص نايت Knight من خلال استعراضه لتعاريف الذكاء إلى تعريف: يرى فيه أن جميع أنواع التفكير لابد أن يدخل فيها الذكاء، يشابه تعريف سبيرمان Spearman الذي يستطيع الفرد عن طريقة اكتشاف العلاقات واستنتاج المتعلقات.

وسبيرمان Spearman العالم الإنجليزي الذي أبتكر نظرية العامل العام، ينظر للذكاء على أنه قدرة فطرية مؤثرة في النشاط العقلي بجميع أنواعه واختلافاته وأشكاله.

ويرى بنتر Pinter أن الذكاء هو قدرة الفرد على أن يتكيف مع المواقف الجديدة عليه .

أما وكسلر Wechsler فكان تعريفة للذكاء على أنه القدرة العقلية للفرد على العمل في سبيل هدف، وعلى التفكير والتعامل بكفاءة مع البيئة .

ووصف بياجية Biaget الذكاء بأنه تكيف الفرد مع محيطه المادي والاجتماعي.

أما هايم Haim فيعتبر الذكاء استجابة مناسبة من قبل الفرد نحو موقف معين، وإدراكه للأساسيات القائم عليها هذا الموقف.

والملاحظ أن هذه التعريفات تركز على جوانب محددة من قدرات الإنسان ولا تشمل جميع جوانب قدرات النشاط البشري المتعددة التي يظهر فيها امتلاكهم جوانب متميزة.

ويمكنني القول بأن الذكاء: هو قدرة الفرد على استثمار طاقاته وقدراته في التكيف مع محيطه الاجتماعي بصورة فعالة.

كيفية قياس الذكاء:

خلفية تاريخية حول مقاييس الذكاء:

اهتم العلماء قديما بالذكاء، وبدأ مندرجا تحت علم الفلسفة حتى استقل في القرن الماضي مع استقلال علم النفس عن الفلسفة.

بدأت محاولات العلماء لقياس الذكاء الإنساني بشكل علمي مع نهايات القرن التاسع الميلادي على يد العالم الانجليزي السير فرانسيس جالتون الذي اعتقد أن ذكاء الفرد يرتبط بحواسه كالسمع والبصر وزمن رد الفعل، ولذا فقد اعتقد جالتون أن أنه يمكن قياس الأداء الوظيفي للعقل من خلال اختبارات التميز الحسي وزمن رد الفعل. ويعتبر مقياس الذكاء الذي أنشأه عالم النفس الفرنسي ألفرد بنييه أولى المحاولات الناجحة لقياس الذكاء الإنساني، وكان بنييه هو أول من استخدم مفهوم العمر العقلي. وعلى الرغم من أن الهدف من تطوير هذا المقياس كان التعرف على الأطفال بطيئي التعلم الذين لا يستطيعون مواصلة التعليم في المدارس العادية، إلا أن المقياس استخدم فيما بعد للتعرف على الأطفال الموهوبين، ففي بدايات القرن العشرين قام عالم النفس الأمريكي لويس تيرمان في جامعة ستانفورد بالولايات المتحدة بتطوير هذا المقياس الذي أشتُهِر باسم "مقياس ستانفورد بنييه".

فرانسيس جالتون   ألفريد بنييه   لويس تيرمان

وقد كانت بدايات فكرة اختبار الذكاء من قبل العالم "بينه BINET" في عام 1904م نزولا عند رغبة الحكومة الفرنسية التي كانت تبحث عن طريقة تمكنها من التخلص من الطلبة المتخلفين في المدارس الحكومية والذين كانوا يعيقون تقدم البرامج الدراسية مقارنة بزملائهم الآخرين وتتلخص الفكرة: في إعطاء مجموعة من الأسئلة وفي عرض مجموعة من المشاكل على مجموعة كبيرة من الأطفال. بعد ذلك يحسب حاصل الذكاء الكلي للمختبر، فيحسب بقسمة عمره العقلي على عمره الفعلي ومن ثم ضرب الناتج في 100.

عندما حاكى بينيه المهارات التي يتم تعليمها في الفصول بُني اختباره على 3 افتراضات لتلك الفصول:

1- المهارات البسيطة التي لا تحتاج إلى جهد كبير وبالتالي يسهل تعليمها للصغار والمتخلفين عقليا.

2- هناك هيكلية للمهارات تبدأ من السهل إلى الصعب، ومن الفهم البسيط إلى المجرد أي لا بد من الدرس الأول ثم الثاني وهكذا.

3- القدرة على الجمع بين المهارات البسيطة والفهم أو الاستيعاب يتطلب التقدم نحو

النضج والمتخلف أو الصغير سنا لا يمكنه التعلم بالفهم المجرد فلا بد أن يمر بمحطة المهارات البسيطة أولا.

وبالطبع خلال العقود الثمانية الماضية أجريت مجموعة كبيرة من الأبحاث حول اختبار الذكاء وحول كيفية تحديد العمر العقلي للأشخاص. وبالرغم من أن المعادلة المستعملة في حساب حاصل الذكاء بقيت كما هي لم تتغير إلا أن التعبير الحقيقي عن حاصل الذكاء طرح من قبل عالم النفس الأمريكي "تيرمان" ففي عام 1916م قام "تيرمان" بمراجعة سلم بينه الفرنسي في جامعة استانفرد، وأطلق على السلم المعدل اسم (ستانفرد - بينه) وقد أدخلت تعديلات على هذا الاختبار في عام 1937م. وكذلك الأمر عام 1960 م. واليوم يعتبر هذا الاختبار من أكثر اختبارات الذكاء اعتبارا.

ومن المقاييس التي طورت عن مقياس) ستانفرد بينيه (مقياس) وكسلر للأطفال والكبار (و يتضمنان نوعين من الاختبارات ؛ أدائية ولفظية للخروج بنسبة ذكاء كلية للفرد المختبر.

ويشمل الاختبار اللفظي: المعلومات - والاستيعاب – المتشابهات – الاستدلال الحسابي - المفردات - إعادة الأرقام.

ويشمل الاختبار الأدائي: إكمال الصور، ترتيب الصور – تصميم القوالب - تجميع الأشياء – المتاهات - رموز الأرقام.

كيفية قياس نسبة الذكاء لدى الفرد:

يُعبَّر عن ذكاء الفرد بمفهوم نسبة الذكاء IQ، وتحسب هذه النسبة من خلال نسبة العمر العقلي إلى العمر الزمني وضرب الناتج في 100، ولذا فإن نسبة ذكاء الفرد تكون متوسطة إذا كانت تساوي 100 أو قريبا منها، وكلما زادت عن ذلك كان الفرد أكثر ذكاء حتى إذا وصلت إلى 130 فأكثر فإن الفرد يعد موهوباً، وكلما انخفضت عن 100 كان الفرد منخفض الذكاء فإذا وصلت النسبة إلى أقل 70 كان ذلك مؤشرا على أن الطفل لديه تخلف عقلي. ووفقا للمنحنى الاعتدالي الذي يوضح توزيع نسب الذكاء الإنساني فإن حوالي 2.1% من المجتمع لديهم نسبة ذكاء أعلى من 130، وأن حوالي 2.1% لديهم نسبة ذكاء أقل من 70.

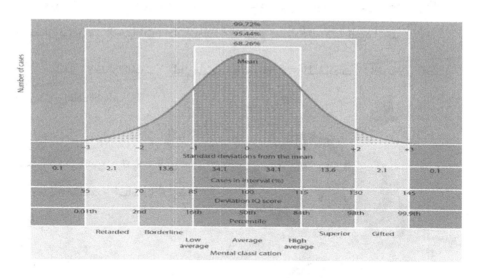

المنحنى الاعتدالي لتوزيع القدرة العقلية

فئات الذكاء وتقسيماته

لا يتساوى أفراد المجتمع في نسبة الذكاء، بل يتوزعون على فئات مختلفة وبنسب

ثابتة تقريباً في كل المجتمعات، وتأخذ هذه الفئات الشكل الإعتدالي في التوزيع، حيث تتركز الغالبية من أفراد المجتمع في وسط التوزيع، ونسبة قليلة في يمين المنحنى وتمثل الأذكياء والعباقرة ونفس الشيء في يسار المنحنى وتمثل منخفضي الذكاء والمتخلفين عقلياً.

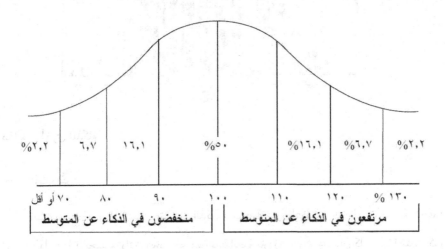

متخلف عقلي (شديد التخلف) (أقل من 1 ٪ من المتقدمين للاختبار)	40 - 54
متخلف عقلي (اقل من 2.3 ٪ من المتقدمين للاختبار)	55 - 69
اقل من متوسط	70 - 84
متوسط (68 ٪ من المتقدمين للاختبار)	85 - 114
أعلى متوسط	115 - 129
الموهوبين (2.3 ٪ من المتقدمين للاختبار)	130 - 144
عبقري (احد المتقدمين للاختبار)	145 - 159
عبقري فوق العادة	160 - 175

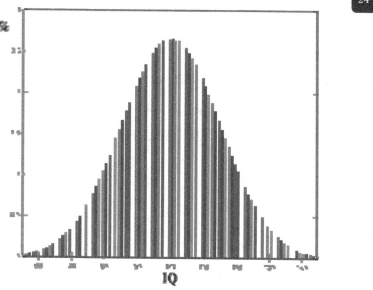

مقاييس أخرى للذكاء

مصفوفات ريفن:

تعتبر مصفوفات رافن من اختبارات الذكاء الجمعية غير اللفظية، وقد ظهرت نتيجة للجهود التي بذلها العالم الإنجليزي رافن Raven مع مساعدة العالم بنروز Penrose واللذان كان لهما اهتمام كبير بقياس الذكاء غير اللفظي حيث وضعا في بداية الأمر صورة تجريبية لاختبار المصفوفات تكونت من تسعة أشكال استمدا فكرتها الأساسية من العالم الإنجليزي سبيرمان Spearman والذي كان يستخدم لوحات مرسوماً عليها أشكال هندسية ويطلب من المفحوص وصف القاعدة التي تحكم العلاقة بينها، ولكنهما بدلاً من أن يطلبا من المفحوص أن يذكر القاعدة، طلبا منه معرفة الجزء الناقص في الأشكال وذلك بهدف قياس القدرة على استنباط العلاقات. وقد ظهرت المصفوفات المتتابعة لأول مرة على شكل اختبار عام 1938م باسم اختبار رافن للمصفوفات المتتابعة، حيث كانت الأداة الرئيسية المستخدمة لتصنيف الجنود في

الجيش البريطاني خلال الحرب العالمية الثانية ثم استمر رافن وتلاميذه في تطوير هذا الاختبار وإجراء التعديلات عليه حتى وفاته عام 1970 م.

وصف الاختبار:

يتألف الاختبار من ستين مصفوفة مقسمة إلى خمس مجموعات هي (أ، ب، ج، د، هـ) وتحتوي كل منها على اثنتي عشرة مصفوفة، والمصفوفة عبارة عن شكل أساسي يحتوي على تصميم هندسي تنقصه قطعة وضعت مع بدائل تتراوح بين ستة إلى ثمانية بدائل، وعلى المفحوص أن يختار القطعة المتممة للشكل ويسجل رقمها في نموذج تسجيل الإجابات، ودرجة المفحوص على هذا الاختبار هي امموع الكلي للإجابات الصحيحة، وفي كل مجموعة تكون المصفوفة الأولى واضحة ويسهل إيجاد حلها بشكل كبير، أما المصفوفات التي تلي ذلك فتكون متدرجة في الصعوبة، ويساعد ترتيب المصفوفات في تدريب المفحوص على حل مسائل الاختبار، وقد رسمت الأشكال في كل مصفوفة بدقة لكي تثير لدى المفحوص الاهتمام المتزايد.

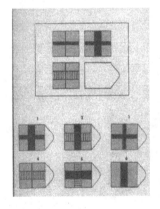

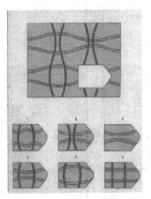

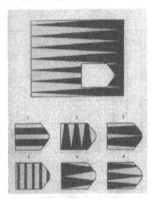

اختبار متاهات بورتيوس

وهو اختبار غير لفظي ويطبق بشكل فردي، ويتكون من سلسلة من المتاهات، كل متاهة مطبوعة على ورقة مستقلة، وعددها 12 متاهة متدرجة الصعوبة من متاهة سن 3 إلى متاهة الراشد، وتعطي عمرا عقليا يتراوح بين 3 و17 سنة. ويطلب من المفحوص أن يتتبع المسار الصحيح للخروج من المتاهة.

وتعطي العمر IQ-score أو Quantitative-score ويصحح بطريقتين: الأولى كمية "Q-score"أو "Qualitative-score" العقلي للمفحوص ونسبة الذكاء. والثانية كيفية وهي نسب عدد الأخطاء النوعية التي يقع فيها المفحوص مثل: قطع الأركان، والتعدي على الخطوط، ورفع القلم، وتعرج الخطوط، وتغيير الاتجاه. والدرجة العالية هنا تعني نقصا في السيطرة العاطفية، وزيادة الاندفاعية.

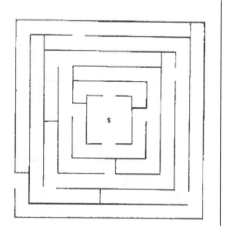

مقياس وكسلر للذكاء

(WISC) Wechsler Intelligence Scale For Children

قام العالم الأمريكي وايند وآسلر عام 1939 م بإعداد هذا المقياس، يتكون المقياس من (12) اختباراً. وينقسم إلى مقياسين :

الأول: لفظي: ويشمل (المعلومات العامة، الفهم العام، الحساب، المتشابهات، المفردات، إعادة الأرقام).

الثاني: عملي: ويشمل (تكميل الصور، ترتيب الصور، رسوم المكعبات، تجميع الأشياء، الشفرة، المتاهات)

ويوصي وكسلر بتطبيق اختبارات المقاييس اللفظي والعملي بالتبادل على النحو التالي: -1 المعلومـات، -2 تكميـل الصـور، -3 المتشابهات، -4 ترتيب الصور، -5 الحساب، -6 رسوم المكعبات، -7 المفردات، -8 تجميع الصور، -9 الفهم، -10 الشفرة أو المتاهات. ويمكن أن يحل اختبار (إعادة الأرقام) محل أي من الاختبارات اللفظية.

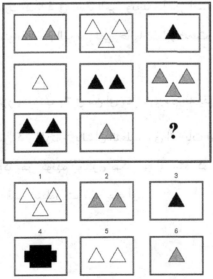

Which answer fits in the missing space to complete the pattern?

ما الذي تقيسه اختبارات ومقاييس الذكاء ؟

التعلم ليس كله في الرأس

قصة آمي:

بسبب إصابتها بتلف في الدماغ كانت آمي بالرغم من أنّ طولها مساو لطول من هم في الصف الخامس الابتدائي إلا أنها كانت تتحدث بشكل غريب ولم تكن تقرأ ولا تكتب ولا تتواصل مع الآخرين فاضطرت مدرستها لوضعها في فصل منفصل مع معاقين آخرين. فاقترحت المؤلفة أخذ 3 من هؤلاء - وكانت آمي واحدة منهم- في فترة الاستراحة لتريح المعلمات لفترة معينة.

وقامت المؤلفة بإشراك الأطفال الثلاثة في الكثير من الحركات البدنية كلعب الكرة والركض والأعمال الفنية والغناء والتحدث. وكانت أحيانا تقص القصص عليهم وأحيانا يؤلفون جميعا قصصا بأصوات مضحكة ولهجات مختلفة ورسومات .فإذا حدث خصام اتفقت معهم على القيام بتمارين دماغية معينة ثم يعبر كل واحد منهم عن إحباطه وحاجاته .

وبعد شهرين من صحبة آمي اتصلت أمها تحمل أخبارا سعيدة.لقد أصبحت آمي تتحدث بجمل كاملة وأصبحت تشارك بفعالية في لعب الكرة وبعد 5 أشهر أصبحت تقرا بمستوى 2 ابتدائي وأصبحت محبة للقراءة. وبنهاية العام الدراسي تغير حالها تماما وأضحت تكتب قصصا عالية الخيال وتتواصل بشكل فعال.

إنّ الذكاء الإنساني أغزر وأخصب وأثرى من أي مقياس يزعم أنه يقيسه.

يقول جون هالت (من كبار المهتمين بالشأن التعليمي في الولايات المتحدة) "أنا مقتنع الآن أن المتخلفين عقليا يُصنعون أكثر من كونهم يُولدون هكذا. والأمر يتم كما يلي: أولا، الطفل الذي لا يتبع مسارات مألوفة أو مواقيت للتطور يتم تشخيصه أي

تصنيفه وعنونته كمتخلف. وثانيا يُعامل كما لو انه متخلف باسم الاهتمام والرعاية والعلاج.وثالثا يتعلم الطفلُ أن يرى نفسه كمتخلف وأخيرا يصبح الطفل كما قال الخبراء".

ويذكر جون أنه التقى بمعلمة ابتدائية ممتازة في غرب ولاية نيويورك وُضع في فصلها ولد صُنف على أنه متخلف عقليا لأنهم لم يجدوا له مكانا آخر إلا فصلها.كان الطفل في حالة سيئة من الإهمال وكان ذلك باديا على ملابسه كما كان كثيرَ الخوف والخجل. قامت المعلمة بالاهتمام به وإعطائه ما يحتاجه من الاهتمام والدماثة في المعاملة ورفع المعنويات. وبرعاية كهذه قام الطفلُ الذي كان بلا مهارات مدرسية على الإطلاق، قام بأعمال مدرسية تأخذ عادة 5 سنوات من التعليم المتدرج في عام واحد فقط ولحق بأقرانه. (ما الذي سيقوله اختبار قياس الذكاء المزعوم؟؟؟)

وهنا بدأت المعلمة بمحاولة إقناع من صنف الفتى على أنه متخلف عقليا بأنه أدى أعمالا رائعة واختزل 5 سنوات في سنة واحدة ولكن...... هيهات. من الذي سيزيل العنوان الذي ألصق بهذا الفتى؟؟؟ من يجرؤ على ذلك؟ لقد عنونه وصنفه "خبراء". حاولت المعلمة كثيرا ولكن الجهة المسؤولة عن تصنيف الطفل كانت مهتمة بالدفاع عن "الخبراء" أكثر من مساعدة الطفل نفسه !!.

وهنا يقول جون هولت: "لم أعد أعتقد بأن IQ يقيس المعدل الذي به نتعلم. ما يقيسه هو المعدل الذي نتعلم به أشياء محددة، ووراء هذا فإن IQ يقيس قدرتنا على حل أحاج معينة عادة ما تكون رمزية ومحدودة وفي وقت قصير. ولكن IQ لا يختبر ولا يمكنه أن يختبر ما بين Whitehead انه أهم خاصية لذكائنا وهو القدرة على طرح أسئلة جيدة والقدرة على معرفة أي الأسئلة تستحق أن تسأل. كما أن IQ لا يقيس ولا يستطيع أن يقيس القدرة على العمل الذي ينتهي بحل مشاكل صعبة وضخمة تأخذ أوقات طويلة. وحتى لو وضعنا جانبا الانحياز الثقافي الموجود في الاختبارات فإنها تقيس جزءا ضيقا من قدرات الإنسان الذهنية الواسعة."

يقول جون هولت" فعندما يقول الناس إنّ الطفل الفلاني متخلف، اسألهم: كيف علمتم؟ما الدليل؟ أعرف طفلا لم يبدأ الكلام والمشي إلا بعد الثالثة من عمره وظل كلامُه غيرَ مفهوم إلا عند أهله حتى بلغ الخامسة وفي فترة وجيزة وبدون تدخل من أحد أصبح يتحدث بطلاقة ومهارة وأصبح واحدا من أذكى الرياضيين الذين رأيتهم. إن مشكلتنا هي مشكلة لغة. فنحن نخلط بين "طبيعي" و"مألوف"أي يحدث كثيرا ونحوّل "مألوف" إلى "مناسب"و"صحيح" و"مرغوب فيه".........
(بمعنى نظن أن غير المألوف ليس طبيعيا وهذا خطأ)كتاب" كيف يخفق الأطفال"How Children Fail

ويرى روبرت سترندج أن سلبيات اختبارات الذكاءIQ :

- انحياز ثقافي.

- انحياز أكاديمي.

- افتراض وجودة كمية ثابتة منIQ .

- عدم وجود نظرية للذكاء مقبولة.

- الاعتماد على الفهم الرقمي واللغوي كمؤشرات للذكاء.

- الافتراض بأن الأذكياء لغويا يقرأون كل شيء بحثا عن التفاصيل.

يقول جاردنر في لقاء أجري معه نشر عام 1997 في مجلة Educational Leadership: "قد أظهرت دراساتي أن الناس يحبون هذا (يقصد اختبارات الذكاء). وإن الأطفال يحبونه والكبار كذلك. وكنشاط لا أظن أنه مؤذ.

ولكنني أقلق عندما يعتقد الناس أن تحديد ذكائك - أو ذكاء غيرك - هو النهاية. عليك أن تستخدم النتيجة لفهم الطريقة التي يسهل تعلمك بها. ومن هناك حدد كيف تستخدم نقاط القوة هذه لتساعدك على المزيد من النجاح في محاولاتك. ومن ثم تصبح النتيجة طريقة لفهم نفسك بشكل أفضل وبالتالي تستخدم هذا الفهم للارتقاء بنفسك إلى مستوى أفضل للفهم أو مستوى أعلى للمهارة".

نماذج من اختبارات الذكاء

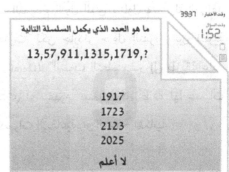

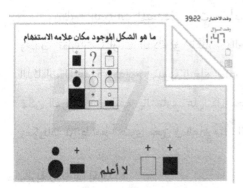

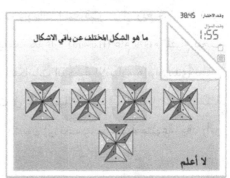

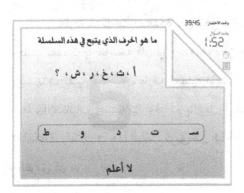

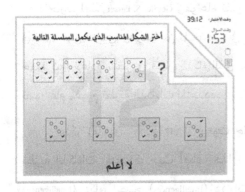

1

العلاقة بين نظرية الذكاءات المتعددة ونظريات الذكاء:

نظرية الذكاءات المتعددة ليست بالتأكيد النموذج الأول الذي يتناول مبدأ الذكاء، لقد وجدت نظريات تناولت الذكاء في القديم والحديث، لكن جاردنر حاول التفريق بين نظرية الذكاءات المتعددة ومفهوم أسلوب التعلم (Learning Style): "أسلوب التعلم يشير إلى طريقة عامة تمكن الفرد من توظيفها بالتساوي على كل محتوى أو مفهوم، بينما الذكاء طاقة لها عمليات ومكونات ترتبط مع محتوى معين في العالم مثل: الأصوات الإيقاعية، أو النماذج المكانية".

نظرية الذكاءات المتعددة:

نظرية الذكاءات المتعددة هي نتاج دراسات وأبحاث استغرقت حوالي ربع قرن، بناءً على طلب تقدمت به مؤسسة فان لير (Van Lear) من جامعة هارفارد (Harvard) عام 1979م للقيام ببحث يستهدف تقييم وضعية المعارف العملية المهتمة بالإمكانيات الذهنية للإنسان، وإبراز مدى تحقق هذه الإمكانيات واستقلالها، وقد تم بالفعل البحث في عدة مجالات معرفية بتمويل من المؤسسة المذكورة، واشترك في هذا البحث فريق من الباحثين ينتمون إلى تخصصات علمية متنوعة، وقد رأس الفريق كلٌّ من:

جيرالد ليسر Gerald. S. Lesser وهو عالم نفس تربوي، وهوارد جاردنر Haward Gardner وهو أستاذ في علم النفس التربوي، وغيرهما من المتخصصين في علم الأنثرويولوجيا الاجتماعية، وقد بذل الباحثون جهداً كبيراً لإعادة النظر في قياس الذكاء الذي تجسده نظرية المعامل العقلي (IQ)، وتوصلوا إلى تصور عام لمفهوم نظرية الذكاءات المتعددة.

وذكر (ماسون، 2006م، 17) أن بحوث جاردنر عن كتابه (أطر العقل) عام 1983م أثمرت نظرية الذكاءات المتعددة، حيث أضاف هذا الكتاب حرف (s) في اللغة الإنجليزية على كلمة (Intelligence) ذكاء، لتصبح (Intelligences) ذكاءات، وجاردنر بذلك يكون قد خرج عن النظرية التقليدية لنسبة الذكاء والتي تتقيد بمبدأين هما: أن

المعرفة الإنسانية أحادية، وأن الفرد لديه ذكاء واحد يمكن قياسه، ليضع نظرية الذكاءات المتعددة والتي تقوم على فرضين أساسين هما: (1) أن الناس جميعاً لديهم الاهتمام نفسه والقدرات نفسها، ولكنهم لا يتعلمون بالطريقة نفسها. (2) أن العصر الذي نعيشه لا يمكن أن يتعلم الفرد فيه كل شيء يمكن تعلمه.

فالعالم جاردنر قام بوضع نظرية الذكاءات المتعددة مخالفاً بها الاعتقاد الشائع من أن هناك ذكاءً واحداً، وقد أسسها بناءً على ملاحظاته للأفراد الذين يتمتعون بقدرات خارقة في بعض القدرات العقلية، ولا يحصلون في اختبارات الذكاء إلا على درجات متوسطة أو دونها، مما قد يجعلهم يعتبرون ضمن المعاقين عقلياً، الأمر الذي استدعى اهتمامه، وبات يعتقد أن الذكاء مؤلف من عدد من القدرات المنفصلة، أو الذكاءات المتعددة، والتي يقوم كلٌّ منها بعمله.

ونظرية الذكاءات المتعددة تتحدث عن أبعاد متعددة من الذكاء، وتركز على حل المشكلات، والإنتاج المبدع، على اعتبار أن الذكاء يمكن أن يتحول إلى شكل من أشكال حل المشكلات، أو الإنتاج، ولا تركز على كون الذكاء وراثياً أو تطوراً بيئياً، وقد وجد جاردنر أن الأشخاص العاديين يتشكل لديهم على الأقل ثمانية عناصر مستقلة من عناصر الذكاء. كما أن جاردنر يرى أن كل واحد من الذكاءات يشغل حيزاً من الدماغ، مؤكداً ما سبقه إليه العالم الفرنسي بروكا (Broca) من وجود علاقة بين خلل أو تلف في منطقة معينة من الدماغ، وفساد وظيفة ذهنية محددة.

جاردنر يقلب الطاولة

لئن رضي علماء النفس في تلك الفترة بما حققوه من قياس للذكاء، فقد جاء من يقلب الطاولة ويغير مفهوم الذكاء، ويفتح الباب على مصراعيه لكل فرد أن يعبر عن ذكائه، ويرمي ذاك الرقم الذي يسمى معامل الذكاء.

و قد بنى جاردنر نظرية عما ورثه من أسلافه في نظرتهم للقدرات العقلية البشرية.

ملاحظات جاردنر عن الذكاء

-1-

معامل الذكاء رقم يعبر عن الذكاء

معلومات / مهارات حسابية / لغويات / معاني مفردات / صور

اختبار الذكاء

هل يعبر هذا الرقم عن التنبؤ بالنجاح اللاحق في الحياة ؟

-2-

ملاحظات "فرانز جوزيف غال" (Franz Joseph Gall) (طبيب نمساوي (1785-1828م) ملكات العقل الإنساني تتطور من شكل الجمجمة، ووضع مجالا سماه علم الجمجمة العقلي " Phrenology ".

لا توجد قدرات عقلية عامة، مثل الإدراك والذاكرة والانتباه وإنما توجد صور مختلفة من الإدراك والموسيقا والبصر وما شابه لكل ملكة من الملكات العقلية المتنوعة مثل اللغة والموسيقا.

-3-

ملاحظات "ل. ل. ثيرستون" (Louis L. Thurston) "عالم نفس أمريكي (1887-1955م) " يوجد مجموعة صغيرة من الملكات العقلية الأولية المستقلة عن بعضها نسبيا وتقاس خلال مهمات مختلفة وقد حددها بسبع:الفهم اللفظي، طلاقة الكلمات، الطلاقة العددية، التصور المكاني، الذاكرة الترابطية، السرعة الإدراكية، المحاكمة العقلية.

-4-

ملاحظات "بياجيه" (Jean Piaget) "عالم سويسري (1896-1980م) رسم لوحة للنمو العقلي الإنساني، تعتبر أكثر النظريات التي تركت أثرا قويا عن مراحل نمو الطفل العقلية.

عمر 1-2 سنة	قبل سن المدرسة	المراهقة المبكرة
معرفة (عملية) أو حسية أو حركية	تطوير أفعال أو عمليات عقلية استخدام الرموز التخيل التعبيرات	التفكير بصورة منطقية التعبير عن الفرضيات واختبارها

-5-

المكتشفات الراهنة لعلوم الدماغ ركزت على مسألتين:

- الأولى: مرونة النمو الإنساني.
- الثانية: طبيعة القدرات العقلية التي يستطيع الإنسان تنميتها.

-6-

إن عشرات السنين من البحث والتحليل، مكنته من الاقتناع بأن ذكاء الإنسان يغطي مجموعة من الكفاءات التي تتجاوز تلك التي تقوم اختبارات المعامل العقلي QI بقياسها عادة (Gardner, 1998).

إن فكرة وجود ذكاء واحد يقيسه المعامل العقلي، والقول بأن الفرد يولد بإمكانية

محددة من الذكاء من الصعب تغييرها، قد قوبلت باعتراض من قِبَل بعض علماء النفس منذ العشرينات من القرن الماضي. كما اعترض على تقرير مستوى ذكاء الإنسان عن طريق المعامل العقلي، باستخدام اختبارات تعتمد على أجوبة مختصرة أو قياس بسيط، كتحديد زمن الاستجابة لسلسلة من الإضاءات. فهذه النظرية انتقدها العديد من الباحثين.

كم هم أذكياء !

يقول جاردنر: إن الوقت قد حان للتخلص من المفهوم الكلي للذكاء، ذلك المفهوم الذي يقيسه المعامل العقلي، والتفرغ للاهتمام بشكل طبيعي للكيفية التي تنمي بها الشعوب الكفاءات الضرورية لنمط عيشها، ولنأخذ على سبيل المثال أساليب عمل البحارة في وسط البحار، إنهم يهتدون إلى طريقهم من بين عدد كبير من الطرق، وذلك بفضل النجوم وبفضل حركات مراكبهم على الماء وبفضل بعض العلامات المشتتة. إن كلمة ذكاء بالنسبة إليهم تعني بدون شك براعة في الملاحة.

ولننظر كذلك إلى المهندسين والصيادين والقناصين والرسامين والرياضيين والمدربين ورؤساء القبائل والسحرة وغيرهم. إن كل الأدوار التي يقوم بها هؤلاء ينبغي أن تؤخذ بعين الاعتبار، إذا قلبنا تعريفاً جديداً للذكاء، باعتباره كفاءة أو قدرة لحل المشكلات أو إنتاج أشياء جديدة، ذات قيمة في ثقافةٍ ما أو مجتمع ما من المجتمعات، إن كل الكفاءات والقدرات التي يظهرها هؤلاء في حياتهم وعملهم تعتبر بدون شك شكلاً من أشكال الذكاء الذي لا يقتصر على المهارات اللغوية أو الرياضيات والمنطق، التي طالما مجدتها اختبارات المعامل العقلي، وعلى هذا الأساس، فإن نظرية الذكاءات المتعددة تقف موقفاً خاصاً من اختبارات الذكاء، التي طالما مجدت وقامت بإصدار أحكام بخصوص الطلاب ومستقبلهم الدراسي.

تعريف جاردنر للذكاء

عرف جاردنر الذكاء في كتابه أطر العقل بأنه: " القدرة على حل المشكلات، أو ابتكار منتجات تكون ذات قيمة داخل كيان ثقافي أو أكثر "

فتعريف جاردنر كان مغايراً لبقية نظريات الذكاء التي كانت تركز على حل المشكلات وتتجاهل المنتجات.

جاردنر ومعامل الذكاء

من الانتقادات الأساسية التي وجهتها نظرية الذكاءات المتعددة لمقياس المعامل العقلي أو نسبة الذكاء المحصل عليه باستخدام المعادلة المعروفة، العمر العقلي على العمر الزمني، وضرب الحاصل في مائة، أنه اختيار إذا افترضنا أنه يساعد على التنبؤ في المواد الدراسية، فإنه لا يستطيع أن يقول الشيء الكثير عن النجاح في الحياة بعد التخرج من المدرسة. وفي ذلك يقول جاردنر: "عندما تقيس ذكاء الناس بمقياس واحد فقط، فإنك في الحقيقة تغشهم فيما يتعلق بمقدرتهم على التعرف على الأشياء الأخرى (Gardner, 1983). إن طريقة اجتياز المعامل العقلي، مهما تعددت في أشكالها وأساليبها، فهي لا تختلف في جوهرها، إنها تتخذ أشكالاً مختلفة فقط بحسب سنّ المفحوص وحسب سياقه الثقافي، فقد يطلب مثلاً من الشخص المفحوص أن يملأ استبياناً أو إجراء مقابلة... الخ.

إن الانتقادات الموجّهة إلى طريقة المعامل العقلي، مجسدة في اختبار "بينه" والاختبارات الأخرى المنبثقة عنه، كاختبار ستانفورد - بينه، واختبارات كسلر وغيرها، هي التالية:

أ - إن الإجابات المختصرة التي يقدمها الشخص المفحوص عن طريق الاختبارات لا تكفي للحكم على ذكائه.

ب- إن المعامل العقلي مهما نجح في التنبؤ عن استعدادات التلميذ في استيعاب المواد

الدراسية، فهو غير قادر على تقديم تصور متكامل عن مختلف استعداداته العقلية، وتحديد ذكائه الحقيقي.

ج- إن الكفاءة المهنية التي يتمتع بها بعض الناس، لا يمكن إرجاعها فحسب إلى مسألة الذكاء المجرد، بالمعنى التقليدي للذكاء، كما لا يمكن لمقاييس الذكاء المعروفة تقييم تلك الكفاءة.

تأمل الصور التالية:

طه حسين	الشيخ عبد الباسط	ماري كوري	انيشتاين	جورج قرداحي
زين الدين زيدان	أحمد زويل	مشاري العفاسي	فاروق الباز	أبو العلاء المعري
محمد عبدالوهاب	شكسبير	عباس العقاد	عمرو خالد	غاندي
بيكاسو	إسحاق نيوتن	الخوارزمي	مايا أنجلو	موزارت
أحمد شوقي	ناديا كوما نتشي	فيروز	ليوناردو دافنشي	عادل إمام

نظرية الذكاء المتعدد:

هوارد جاردنر

قام هوارد جاردنر Howard Gardner أستاذ التربية بجامعة هارفارد الأمريكية بنشر نظريته حول الذكاء المتعدد في كتابه أطر العقل Frames of Mind، عام 1983. وعقب ذلك انتشرت نظرية الذكاء المتعدد Multiple Intelligences علي نطاق واسع وأصبح لها شهرة واسعة في الميدان، وبجانب عمل جاردنر كمستشار للمدارس في كثير من المقاطعات؛ فانه قام بتأليف ونشر عدد كبير من الكتب والمقالات عن الذكاءات المتعددة وأصبحت نظريته موضوع مناقشة علي مستوي واسع، كما ظهرت النظرية في مواقع على شبكة الإنترنت.

ولقد أشار Howard Gardner في كتابه إلى أن الإنسان يمتلك عدة أنواع من الذكاء تصل إلى سبعة أنواع وأضاف عام 1995 نوعاً ثامناً أسماه الذكاء الطبيعي. ولقد جاءت هذه النظرية ثورة ضد الاعتقاد الذي سيطر لزمن طويل، وهو أن الإنسان يمتلك ذكاءً واحداً ثابتاً يتحدد بمعامل IQ ويقاس باختيار وإن تعددت صور هذا الاختبار.

وقد طرح مقولة: أن الذكاء يتعلق كثيرا بالقدرة على حل المشكلات، وعلى تشكيل المنتجات في محيط طبيعي غني بالسياق، وليس كما هو محدد في كثير من اختبارات الذكاء التي تركز على الجانب اللغوي والمنطقي فقط لدى الإنسان.

والجديد في نظرية الذكاءات هو أن كل نوع من أنواع الذكاء يعد مستقلاً بذاته وله المقومات التي تؤهله أن يكون ذكاءً منفصلاً، وهذه الأنواع ليس ثابتة وإنما يمكن زيادتها من خلال التعلم، وتوفير البيئة الخصبة للنماء العقلي النوعي، ومن ناحية أخرى، فإن الأساليب المعرفية موجهة نحو عمليات التعلم، بينما ذكاءات جاردنر موجهة نحو التعلم.

وتتحدث هذه النظرية عن أبعاد متعددة في الذكاء، وتركز على حل المشكلات والإنتاج المبدع على اعتبار أن الذكاء يمكن أن يتحول إلى شكل من أشكال حل المشكلات أو الإنتاج. ولا تركز هذه النظرية على كون الذكاء وراثي أو هو تطور بيئي. ونتيجة للبحث والدراسة وجد جاردنر أن الأشخاص العاديين يتشكل لديهم على الأقل سبعة عناصر مستقلة من عناصر ذكاء الإنجاز.

إن نظرية الذكاءات المتعددة مقاربة جديدة تقدم فضاءً جديداً وحيّاً لعملية التعليم والتعلّم، فهي فضاء تتمحور فيه العملية التعليمية ـ التعلمية على المتعلم ذاته، بحيث يعمل وينتج ويتواصل بشكل يحقق فيه ذاته ويشبع رغباته. ونعرض فيما يلي لأهمّ الجوانب التطويرية لهذه النظرية في مجال الممارسة التعليمية.

انتشار نظرية الذكاء المتعدد:

يقول توماس أرمستونغ في كتابه 7 أنواع ذكاء Kinds of Smart 7:

لقد أَلِفنا في القرن العشرين ربط الذكاء العالي بالقارئ النهم والمثقف والأكاديمي. ولكن تعريف الذكاء هو القدرة على الاستجابة بنجاح لمواقف جديدة واستعداد الشخص للتعلم من تجاربه الماضية. فإذا تعطلت سيارتك على الطريق السريع فمن أذكى شخص لهذه المهمة؟ أهو شخص يحمل الدكتوراه من جامعة كبرى أم ميكانيكي سيارات يحمل الثانوية؟ وإذا ضعت في مدينة ضخمة فمن الأقرب لأن يساعدك؟ بروفيسور شارد الذهن أم فتى يعرف الاتجاهات؟ إن الذكاء يعتمد على المكان والمهمات ومتطلبات الحياة وليس على درجة IQ أو شهادة جامعية أو سمعة كبيرة.

والبحوث التي أجريت على القيمة المستقبلية لاختبارات IQ تثبت صحة ما قلناه. فمع أن اختبارات الذكاء تتنبأ بالنجاح المدرسي، فإنها تفشل في الإشارة إلى كيف ستكون تصرفات الشخص عندما يخرج إلى العالم الحقيقي. ولقد بينت دراسة لأناس ناجحين أن ثلثهم حصلوا على درجات متدنية في IQ. والرسالة واضحة: لقد قاست

اختبارات IQ شيئا يمكن تسميته بالمواهب المدرسية مع أن الذكاء الحقيقي يستوعب مدى أكبر من المهارات.

"إذا أبينا إلا النظر إلى طيف الذكاء عبر فلتر واحد، فإن كثيرا من العقول ستبدو مجردة من النور" Renee Fuller

أوجه المقارنة بين النظرة التقليدية للذكاء ونظرية الذكاءات المتعدد

نظرية الذكاءات المتعدد	النظرة التقليدية	م
تقييم الذكاءات المتعددة من خلال أنماط ونماذج التعلم وحل المشكلات.	يمكن قياس الذكاء من خلال اختبارات الأسئلة والإجابات القصيرة.	1
الذكاء يمكن تنميته.	الذكاء ثابت.	2
الذكاء متعدد.	الذكاء آحادي.	3
يستخدم الذكاء لفهم القدرات الإنسانية التي يمكن أن ينجز بها الطلاب.	يستخدم الذكاء لتصنيف الطلاب والتنبؤ بنجاحهم.	4
الذكاء ليس قيمة ويظهر أثناء حل المشكلات	يمكن قياس الذكاء بعدد.	5
يقوم المعلمون بفردية المتعلم، وجوانب القوة والضعف لديه بفردية وتنميتها.	يقوم المعلمون بشرح نفس المادة لجميع الطلاب وبنفس الطريقة.	6
يقوم المعلمون بتصميم أنشطة وأنماط تدور حول قضية ما وربط الموضوعات ببعضها.	يقوم المعلمون بتدريس موضوع أو مادة دراسية.	7
الذكاءات المتعددة مستقلة بعضها عن بعض ولا تجتمع تحت عامل معين.	قدرات الذكاء تجتمع تحت عامل واحد وهو العامل العام.	8

الأسس النظرية لنظرية الذكاءات المتعددة:

قام جاردنر وزملاؤه بتحديد ثمانية أسس مختلفة للحكم على القدرة هل ترشح لأن تكون ذكاء أم لا، كما يؤكد جاردنر على أن أي ذكاء من الذكاءات المتعددة لا يمكن اعتباره ذكاء إلا إذا تعد الأسس النظرية والعملية للنظرية، وهذه الأسس هي:

1- الاستقلال الموضعي في حالة التلف الدماغي:

لاحظ جاردنر مع مجموعة من العلماء المهتمين بإصابات الدماغ مؤكداً ما سبقه إليه العالم الفرنسي بروكا (Broca)، أن الأفراد الذين أصيبوا بتلف في منطقة من مناطق الدماغ، أن التلف يظهر في منطقة دون أخرى، فعلى سبيل المثال: عند إصابة دماغ فرد ما في تلف في منطقة بروكا (Broca Area) التي تقع في الفص الجبهي الأيسر (Left Frontal Lobe) مما يعني أن الفرد لديه تلف في الذكاء اللغوي، وبالتالي فإنه يعاني من صعوبة في القراءة والمحادثة، بخلاف الذكاءات الأخرى.

2- وجود المتخلفين عقلياً والعباقرة والأفراد الآخرين الخارقين للطبيعة:

يشير جاردنر إلى أنه يمكن تمييز ذكاء مفرد في مستويات عالية عند بعض الأفراد، في حين تعمل باقي الذكاءات بشكل منخفض، إن الأشخاص الخوارق أو المعجزات هم أولئك الذين يظهرون قدرات وكفايات عالية في نوع من أنواع الذكاء، فعلى سبيل المثال: قد نجد شخصاً متميزاً في الذكاء الرياضي، وفي الوقت نفسه علاقاته مع أقرانه ضعيفة، وأداؤه اللغوي متدن.

3- وجود تاريخ نمائي متميز ومجموعة من الأداءات المحددة والمتقنة:

يقترح جاردنر أن الذكاءات يتم صقلها بالمشاركة في نوع من النشاط تقدره الثقافة، كما أن نمو الشخص في نشاط من هذا النوع يسير وفقاً لنمط نمائي، وكل نشاط يستند إلى ذكاء له مساره النمائي الواضح منذ الطفولة مروراً ببلوغه الذروة حتى نمط تدهوره التدريجي مع تقدم الشخص في دورة حياته.

4- التطور التاريخي المميز لكل نمط من أنماط الذكاء:

يرى جاردنر أن لكل ذكاء جذوراً منغرسة على نحو عميق في تطور الشخص، فعلى سبيل المثال: فإنه يمكن دراسة الذكاء المكاني في رسومات لاسكيوس (Lascaux) على جدران الكهوف.

5- مساندة من مكتشفات القياس النفسي:

حيث يقترح جاردنر أننا نستطيع أن نتطلع إلى كثير من الاختبارات المقننة لدعم نظرية الذكاءات المتعددة، فعلى سبيل المثال: يتضمن مقياس وكسلر لذكاء الأطفال اختبارات فرعية تتطلب ذكاءً لغوياً وذكاءً منطقياً وذكاءً مكانياً وذكاءً حركياً ولكن بدرجة أقل، كما أن هناك اختبارات تتعامل مع الذكاءات الشخصية مثل: مقياس فانيلاند للنضج الاجتماعي.

6- دعم من المهام السيكولوجية التجريبية:

حيث يقترح جاردنر أنه بالنظر إلى دراسات سيكولوجية معينة نستطيع أن نشهد ذكاءات يعمل كل واحد منها بمعزل عن الآخر، فعلى سبيل المثال: في الدراسات التي يتقن فيها المفحوص مهارة القراءة نلاحظه يخفق في نقل هذه القدرة إلى مجال آخر كالرياضيات.

7- وجود عملية جوهرية محورية أو مجموعة عمليات قابلة للتحديد:

يرى جاردنر أنه مثلما يتطلب برنامج الحاسوب مجموعة من العمليات ليتمكن من

أداء وظيفته، فكذلك لكل ذكاء مجموعة من العمليات أو الإجراءات المحورية التي تمكن الأنشطة المختلفة من القيام بمهامها، فعلى سبيل المثال: الذكاء الحركي لابد من توافر مجموعة من الإجراءات مثل: القدرة على تقليد الحركات الجسمية التي يقوم بها الآخرون.

8- القابلية للتشفير في نسق رمزي:

حيث يرى جاردنر أن أفضل المؤشرات على السلوك الذكي هو قدرة الشخص على استخدام الرموز، كما أن القدرة على الترميز هي أحد أهم العوامل التي تفضل الشخص وتميزه عن سائر الحيوانات، فعلى سبيل المثال: الذكاء اللغوي يمتلك عدداً من اللغات المتكلم بها، والذكاء المكاني يتضمن اللغات البيانية والرسوم التي يستخدمها المهندسون والمعماريون والمصممون.

مسلمات نظرية الذكاءات المتعددة:

تقوم نظرية الذكاءات المتعددة على عدد من المسلمات الأساسية وهي:

1- ليس هناك ذكاء واحد ثابت ورثناه ولا يمكن تغييره.

2- كل إنسان يملك الذكاءات الثمانية تتفاوت الذكاءات الثمانية لدى كل شخص.

3- أغلب الناس يستطيعون تطوير كل ذكاء إلى مستوى عال.

فالشخص إذا توفر له البيئة المحفزة للتعلم واكتساب المهارات فإن الذكاءات تنمو لديه بمستوى عال

فالطلاب الذين يمتلكون مواهب إذا تحققت رعايتهم وأشبعت رغباتهم لما يميلون إليه فإنهم حتما سيبدعون في كل حسب ميوله.

4- الذكاءات تعمل سويا بأشكال معقدة.

5- هناك طرق كثيرة لتحقيق الذكاء.

فليس هناك ثمة خصائص معينة عند شخص ينبغي أن تتوافر فيه حتى يعتبر ذكيا في مجال معين.

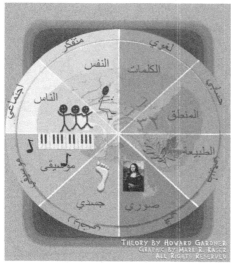

6- يمكن استغلال الذكاءات القوية لتنمية الذكاءات الضعيفة.

فالذكاءات تعمل بمجموعها وليس كل ذكاء بمفرده، لذلك ترفع الذكاءات القوية الذكاءات الضعيفة عند الفرد إذا داوم على رفع قدراته.

7- يتعلم الأطفال إذا كان التعليم مناسباً لما يمتلكونه من ذكاءات.

8- يمتلك كل شخص بروفيلاً (ملفاً) من الذكاءات.

الأهمية التربوية لنظرية الذكاءات المتعددة:

تعد نظرية الذكاءات المتعددة أسلوباً معروفاً للكشف عن أساليب التعلم والتعليم الملائمة لكل متعلم، واختيار الأنشطة والطرق والأساليب الملائمة لقدراته وميوله، وتطوير المناهج، وتحسين أساليب تقييم المعلمين والمتعلمين، لذا تبنت هذه النظرية العديد من المدارس في كلٍّ من الولايات المتحدة الأمريكية واستراليا، حيث نظمت بيئاتها المدرسية، وأساليب تدريسها، ومناهجها، وأساليب تقويمها، وتدريب معلميها، وفق نظرية واستراتيجيات الذكاءات المتعددة.

وتكمن أهمية هذه النظرية في أنها "ركزت على أمور غفلت عنها النظريات الأخرى"، وقد أكدت التطبيقات التربوية لنظرية الذكاءات المتعددة فاعليتها في جوانب متعددة، ولنظرية الذكاءات المتعددة العديد من التطبيقات التربوية على النحو التالي:

1- تعد النظرية نموذجاً معرفياً يصف كيف يستخدم الأفراد ذكاءهم المتعدد لحل مشكلة ما، وتركز هذه النظرية على العمليات التي يتبعها العقل، في تناول محتوى الموقف ليصل إلى الحل، وبالتالي يعرف نمط التعلم عند الفرد: بأنه مجموعة ذكاءات هذا الفرد في حالة عمل في موقف تعليمي طبيعي .

2- تساعد المعلم على توسيع دائرة الاستراتيجيات التدريسية، ليصل إلى أكبر عدد من المتعلمين على اختلاف ذكاءاتهم وأنماط تعلمهم، وبذلك يدرك المتعلمون بأنفسهم أنهم قادرون على التعبير بأكثر من طريقة عن أي محتوى معين .

3- توسيع وتعميق النطاقات المعرفية لدى كل فرد؛ حتى يستطيع أن يقدم حلولاً عبقرية للمشكلات التي تقابله، ويعمل على حلها.

4- تحسين مستويات التحصيل لدى المتعلمين، ورفع مستويات اهتماماتهم تجاه المحتوى.

5- إمكانية استخدام الذكاءات المتعددة كمدخل للتدريس بأساليب متعددة.

6- فهم قدرات واهتمامات الطلاب.

7- استخدام أدوات عادلة في القياس تركز على القدرات.

8- المطابقة بين حاجات المجتمع والاهتمامات .

9- مرونة حرية في تدريس الطلبة: كاختيار طريقة التدريس التي تناسبهم للدراسة.

10- التنوع في الأنشطة حسب أنواع الذكاء.

11- إشراك جميع المتعلمين الموجودين في الفصل في تنظيم وتحضير وتعلم الدروس .

12- تساعد ممارسة أنشطة الذكاءات المختلفة المتعلم في إثارة دافعيته للإنتاج والابتكار، كما تكون حالته النفسية جيدة، ولديه تركيز في الأنشطة، ولا يشعر بالملل والإرهاق والقلق.

13- معالجة معلومات المتعلم بطريقة صحيحة في الدماغ، بما يؤدي إلى تعلم جيد.

ومما سبق نجد أن نظرية الذكاءات المتعددة مهمة جداً، ولها تطبيقات في العديد من المجالات في الحياة عامة، والعملية التربوية بصفة خاصة، حيث ساعدت تطبيقات هذه النظرية واستراتيجياتها العديد من المعلمين في تحديد وتشخيص متعلميهم، ومعرفة مناطق التميز الخاصة بهم، ونقاط ذكائهم، وبالتالي تسهم في تحديد المحتوى، والطرق، والاستراتيجيات، والأنشطة، وأساليب التقويم التي تسهم في تنمية كل أنماط الذكاء لديهم وصقله.

ومما يميز نظرية الذكاءات المتعددة أنها ابتعدت عن رؤية الناس يقفون في مراكز متفاوتة على سلم يدعى الذكاء، ولنعلم أن الذكاءات المتعددة أداة وليست هدفاً بحد ذاتها، فما الفائدة من أن أقول الطالب الفلاني ذكي، ولكن الأهم هو أن يقدم هذا الطالب شيئاً ذا قيمة في إطار مجتمعه وثقافته، فالنظرية تفترض أن كل الأشخاص لديهم نقاط قوة ولديهم نقاط ضعف، وكل شخص لديه ما يميزه، وبناءً على ذلك ينبغي توجيه التربية لتلائم القدرات التي يعبر بها الأشخاص، كما يمكننا الاستفادة من هذه النظرية في عالم العمل والوظيفة.

إن نظرية الذكاءات المتعددة تسمح للشخص باستكشاف مواقف الحياة المعيشية والنظر إليها وفهمها بوجهات نظر متعدّدة، فالشخص يمكنه أن يعيد النظر في موقف ما عن طريق معايشته بقدرات مختلفة، إن الكفاءات الذهنية للإنسان يمكن اعتبارها جملة من القدرات والمهارات العقلية التي يطلق عليها "ذكاءات".

ما من شخص سويّ إلا ويملك إلى حدٍّ ما أحد هذه الذكاءات، ويختلف الأفراد فيما بينهم عن طريق الكيفية التي يوظف بها كل واحد منهم كفاءته لتحديد الطريق الملائم للوصول إلى الأهداف التي يتوخاها، وتقوم الأدوار الثقافية التي يضطلع بها الفرد في مجتمعه بإكسابه عدة ذكاءات، ومن الأهمية بمكان اعتبار كل فرد متوفراً على مجموعة من الاستعدادات وليس على قدرة واحدة يمكن قياسها بواسطة الطرق المعتادة.

خلاصة لما قدمته نظرية الذكاء:

1- كل إنسان يملك الذكاءات الثمانية.
2- أغلب الناس يستطيعون تطوير كل ذكاء إلى مستوى عال.
3- الذكاءات تعمل سويا بأشكال معقدة.
4- هناك طرق كثيرة لتحقيق الذكاء.
5- يمكن استغلال الذكاءات القوية لتنمية الذكاءات الضعيفة
6- هناك طرق كثيرة للتعبير عن كل ذكاء.
7- قد يتأخر ظهور بعض الذكاءات.
8- هي منافذ متعددة للتعلم والتعليم والتعبير عن المعرفة.
9- الذكاء أعظم من أن يُحصر في اختبار ورقي.
10- الذكاء ليس أنماط شخصية.

ورقة التوت

ذات يوم جاء بعض الناس إلى الإمام الشافعي، وطلبوا منه أن يذكر لهم دليلاً على وجود الله عز وجل. ففكر لحظة، ثم قال لهم: الدليل هو ورقة التوت.فتعجب الناس من هذه الإجابة، وتساءلوا: كيف تكون ورقة التوت دليلاً على وجود الله؟! فقال الإمام الشافعي: "ورقة التوت طعمها واحد؛ لكن إذا أكلها دود القز أخرج حريرا، وإذا أكلها النحل أخرج عسلاً، وإذا أكلها الظبي أخرج المسك ذا الرائحة الطيبة.. فمن الذي وحد الأصل وعدد المخارج؟! ". إنه الله- سبحانه وتعالى- خالق الكون العظيم!

"ليس مطلوبا منّا أن نجعل البشر أذكياء. لقد وُلدوا أذكياء. المطلوب هو أن نكف عن فعل ما يجعلهم أغبياء".

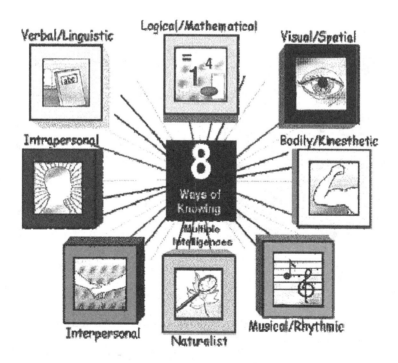

الفصل الثاني

أنـواع الذكـاء

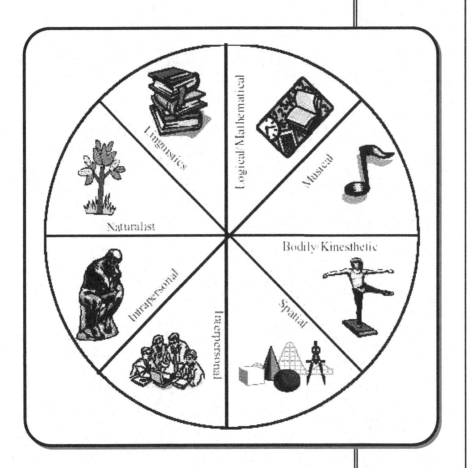

الفصل الثاني

أنواع الذكـاء

أنواع الذكاء:

1- الذكاء اللغوي اللفظي:Linguistic intelligence

معاناة الشاعر لصوغ كلمات بيت أو مقطع من قصيدة لابد أن يكون الشاعر حساسا إلى درجة فائقة لظلال معاني الكلمة. فإن عليه أن يسعى للمحافظة على أكبر قدر من المعاني التي يريدها وليس لتقليصها، وأكثر من هذا فإنه لا يمكن النظر إلى معاني الكلمات وحدها إذ ما دامت كل كلمة تقيم فوائض ظلال معانيها فلا بد للشاعر من أن يتأكد من أن معاني الكلمة في بيت من أبيات القصيدة لا يتعارض مع تلك التي يشيدها ورود كلمة ثانية في بيت آخر.

وجوانب اللغة متعددة، منها: الجانب البلاغي: أي القدرة على استخدام اللغة لإقناع الآخرين، وهذه القدرة التي طورها القادة والسياسيون وخبراء القانون بعد أن كانت عند كل طفل يرغب في إقناع والدته بقطعة إضافية من الحلوى.

والجانب الثاني: أداة تذّكر تعين المرء على تذكر المعلومات بين قوائم الممتلكات وقواعد لعبة ما، وبين إرشادات تساعد المرء للاهتداء لطريق أو إجراءات تشغيل آلة معينة.

الجانب الثالث: التفسير، فالتعلم والتعليم يتم من خلال اللغة، فالتعليم الشفوي، الشعر، الأمثال الشعبية فاللغة تبقى الوسيلة المثلى لتوصيل المفاهيم الأساسية.

ترتبط اللغة على نحو وثيق عند الأفراد الأسوياء الذين يستخدمون يدهم اليمنى في الشق الأيسر من الدماغ.وحتى الأطفال الذين فقدوا مناطق من الشق الأيسر من دماغهم فإن الدماغ يبقى مرنا بحيث أن اللغة تتطور في الشق الأيمن ويكون قادرا على الكلام.

ما إن تنطلق اللغة حتى تبدي وظائف متعددة، ولعل هؤلاء الشعراء الملحميون، أو قصاص الحكايا الذين يبهرون الجمهور ويبدعوا آلاف من أبيات الشعر وملاحم لا تنتهي فهؤلاء ليسوا أقل شأنا من بطل الشطرنج الذي يتقن ألف نمط وأساس لهذه اللعبة، ولا من براعة عالم الرياضيات الذي بقدرته حل مئات من المسائل في رأسه، فالقدرة على امتلاك هذه المعاني اللغوية في الدماغ واسترجاعها عند الحاجة إليها ليس بالإنجاز الهين، وقد تكون هذه القدرة متطورة بنحو خاص عند الأفراد الأميين.

إذا كانت اللغة يمكن أن توصل من خلال الإيماء أو الكتابة فإنها تبقى في جوهرها نتاجا للقناة الصوتية ورسالة للأذن الإنسانية، والأرجح في تطور اللغة الإنسانية وتمثيلها الحالي في الدماغ سوف يجانبه الصواب إلى حد بعيد إذا قلل من شأن الرابطة التكاملية بين الدماغ الإنساني والقناة السمعية الشفوية، وفي الوقت نفسه فإن دارس اللغة الذي يركز فقط على هذا التنظيم التشريحي قد تفوته مرونة اللغة المدهشة وتنوع الطرق التي استخدم الإنسان فيها ميراثه اللغوي لأغراض تواصلية وتعبيرية.

لقد حرص جاردنر ألا يسمي هذه القدرة اللغوية شكلا سمعيا من الذكاء لسببين: أولهما: أن الأفراد الصم قادرون على اكتساب لغة طبيعية ويستطيعون تصميم نظم إيمائية أو التمكن منها، وهذه الحقيقة تمثل برهانا قاطعا على أن الذكاء اللغوي ليس شكل من الذكاء السمعي.

الثاني: أن هناك شكلا من آخر من الذكاء يرتبط بالقناة السمعية ذا تاريخ طويل مماثل هو الذكاء الموسيقي.

وربما تكون اللغة والموسيقى قد نشأتا في وسيط تعبيري مشترك إلا أنهما اتخذتا مسارين منفصلين وأنهما مسخرتين لأغراض مختلفة وما يشتركان فيه هو وجود لا يرتبط على نحو وثيق بعالم الأشكال المادية (في مقابل الأشكال المكانية والمنطقية الرياضية من الذكاء) وجوهر بعيد أيضا علن عالم الأشخاص الآخرين (كما يتجلى في أشكال متنوعة من الذكاء الشخصي).

إن الذكاء اللفظي هو النظام العقلي المسئول عن كل شيء يتعلق بالكلمات؛ فهو يمكنك من تذكرها وفهمها والتفكير فيها والتحدث بها وقراءتها وكتابتها وقد أشاد الناجحون العظماء بأهمية الذكاء اللفظي المتمرس حتى أن "د. ويلفر فانك" قال: بعد إجراء كثير من التجارب وسنوات طويلة من الاختبارات اكتشف العلماء أن أيسر الطرق وأسرعها للتحرك قدمًا هو ترسيخ معرفتك بالألفاظ. فمهما كان سلوكك المهني فمن الحكمة أن توسع من ذكائك اللفظي، فهو جواز مرورك إلى قمة الكثير من المهن.

يظهر هذا الذكاء في قدرة الفرد على التعامل مع الألفاظ والمعاني والكلمات، أو في القدرة على استخدام الكلمة. وتبرز بقوة في الطفولة المبكرة وتستمر مع مراحل النمو المختلفة. وفي الآونة الأخيرة اكتشفت العلاقة الوثيقة بين اللغة والعقل. ذلك أنه لو أصاب منطقة في المخ تدعى منطقة "بروكا" أي ضرر مادي، فان هذا سيؤثر على قدرة الشخص على الكلام. وعلى الرغم من أن المصاب يظل يفهم معنى الكلمات التي يستعملها، إلا أنه يصبح عاجزا عن تركيب القواعد.

المهنة المناسبة لأصحاب هذا الذكاء: خطيب – شاعر- إعلام - صحافة - تلفزيون..

يتمتع صاحب هذا النوع من الذكاء بعدة سمات منها:

- استهجاء الكلمات بدقة وبطريقة صحيحة.

- إدراك الأساليب البلاغية (السجع - القافية - التورية..).

- يمتلك حصيلة جيدة من الكلمات مقارنة بأقرانه.

- يبدي أسلوباً أفضل في الكتابة عن أقرانه.

- لديه قدرة عالية على الاتصال الشفهي.

- التمتع بالاستماع إلى سرد القصص والأحاديث.

- التمتع بقراءة الكتب والألعاب والألغاز التي تعتمد على الكلمات.

- لديه ذاكرة قوية في الأسماء والأماكن والعناوين.

- يحكي ويؤلف القصص والفكاهات ويتمكن من إيجاد مترادفات للكلمة.

- يكثر الحديث، ويقيم حوارات ناجحة مع الآخرين.

- يمتلك قدرة على استنتاج وتحليل الأحداث للقصص التي يسمعها.

- يستطيع وصف الصور شفهياً وصفاً دقيقاً.

- يتخير الكتب والقصص التي تعجبه بدون توجيه.

كيف ندعم الذكاء اللغوي؟

- الألعاب الكلامية.

- قراءة القصص والحكايات.

- وصف الصور، كتابة تعليقات على الصور المختلفة.

طه حسين

أحمد شوقي

عباس العقاد

مايا انجلو

- قراءة الشعر وعمل المساجلات الشعرية.
- تعليم الكتابة الإبداعية.
- هواية المراسلة.
- الاشتراك في جماعات الخطابة، المناظرات، التأليف، الصحافة...
- عمل حلقات نقاشية.......

استراتيجيات التدريس الملائمة للذكاء اللغوي

م	الاستراتيجيات	مفهوم الاستراتيجية
1	الحكاية القصصية Story Telling	يعد سرد القصص أداة تدريس حيوية، فعند استخدامها في غرفة الصف تنسج فيها المفاهيم، والأفكار، والأهداف التعليمية الأساسية، التي تدرس على نحو مباشر، ويعد سرد القصص وسيلة فاعلة لنقل المعرفة.
2	العصف الذهني Brain Storming	العصف الذهني يضع الذهن في حالة من الإثارة للتفكير في كل الاتجاهات وإنتاج أفكار .
3	التسجيل الصوتي Tape Recording	تقوم هذه الاستراتيجية على تجميع المعلومات عن طريق مسجل الشرائط بدلاً من الكتابة.
4	كتابة اليوميات Daily Writing	تعتمد هذه الاستراتيجية على عمل مفكرة شخصية يسهم الطلاب في صنع سجلات مستمرة مكتوبة ذات صلة بمجال أو موضوع محدد.
5	النشر Publishing	تعتبر الكتابة عاملاً قوياً وأداة مؤثرة في تبادل الخبرات والأفكار ونشرها.

قصة: المرأة الحكيمة

صعد عمر رضي الله عنه يوما المنبر، وخطب في الناس، فطلب منهم ألا يغالوا في مهور النساء، لأن رسول الله ﷺ وأصحابه لم يزيدوا في مهور النساء عن أربعمائة درهم؟ لذلك أمرهم ألا يزيدوا في صداق المرأة على أربعمائة درهم. فلما نزل أمير المؤمنين من على المنبر، قالت له امرأة من قريش: يا أمير المؤمنين، نهيت الناس أن يزيدوا النساء في صدقاتهن على أربعمائة درهم؟ قال: نعم. فقالت: أما سمعت قول الله تعالى: (وَآتَيْتُمْ إِحْدَاهُنَّ قِنْطَارًا) (النساء: 20) (القنطار: المال الكثير). فقال: اللهم غفرانك، كل الناس أفقه من عمر. ثم رجع فصعد المنبر، وقال: يا أيها الناس إني كنت نهيتكم أن تزيدوا في مهور النساء، فمن شاء أن يعطي من ماله ما أحب فليفعل.

الأنشطة الملائمة للذكاء اللغوي:

1- استخدام العروض والخطب

2- لعب الأدوار

3- الحوار والجدل

4- الألعاب التي تدعم التفاعل

5- الكتابة والمناقشات والمناظرات

6- إعداد التقارير

7- قراءة قصص ومسرحيات، ومقالات

8- الاستماع إلى التسجيلات الصوتية

9- القراءة والاطلاع

10- الكلمة السرية

11- الحروف الناقصة

12- الكلمات المتقاطعة

13- قراءة الصحف والمجلات.

14- الفوازير الكلامية.

15- كتابة الأشعار

16- قراءة الأشعار

أنشطة متنوعة لتنمية الذكاء اللغوي:

نشاط (1)

اذكر أكبر عدد من الكلمات تقرأ من اليمين إلى اليسار ومن اليسار إلى اليمين لتعطي معنى مفيداً (مثل: نحل - لحن)

1-..

2-..

3-..

4-..

5-..

6-..

7-..

8-..

9_..

10-..

11-..

12-..

نشاط (2)

توفي شخص وكان لديه ولدان (صغير وكبير) وكان قد كتب في وصيته (مالي وأملاكي لولدي الكبير) إلا إن الولد الصغير تمكن من الوصول إلى الوصية وبحركة بسيطة استطاع أن يضيف حرفا على الجملة غير معنى الجملة وأصبح لدية حصة من التركة.فكيف فعل ذلك؟

....

....

نشاط (3)

اقرأ الجملة التالية جيداً: (إن قبر الملك شمال السعودية) أضف حرفاً واحداً في الجملة فيصبح قبر الملك جنوب السعودية كيف ؟

....

نشاط (4)

- دولة عربية من 5 حروف إذا حذفنا آخر حرفين أصبح اسم مشروب ما هي ؟

- حيوان من ثلاث حرف لو حذفنا الحرف الثاني أصبح نوع من الورد ؟

• • • • • • •	• • • • • • •

نشاط (5)

ما اسم الحجر الكريم الذي نضعه في السطر الأول بشكل أفقي لنكمل سبع كلمات بطريقة عمودية بشكل صحيح:

؟	؟	؟	؟	؟	؟	؟
م	ع	ر	و	ف	ا	ن
ن	ب	ى	ز	ر	د	س

الكلمة: ....

نشاط (6)

كوّن كلمة واحدة من عشرة حروف باستخدام الحروف التالية:

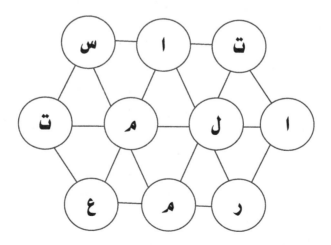

الكلمة: ....

نشاط (7)

غيّر مكان نقطة واحدة في هذه الجملة لتصبح جملة مفيدة:

الدجاجة في الثلاجة التفاحة

الجواب : ....

نشاط (8)

ما الغريب في بيت الشعر التالي:

ألــوم صديقي وهـذا محــال

صديقي أحبه كلام يقـــال

وهذا كـلام بليــغ الجمــال

محـال يقال الجمـال خيــال

الجواب : ....

نشاط (9)

غير أحد الحروف في شبكة الكلمات التالية لتتوصل لمفاتيح إجابات الأسئلة التالية:

1- أول من أقام مشفى للأمراض العقلية ....بن عبد الملك

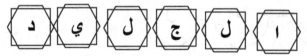

ا ل ج ل ي د

2- أول من اخترع نظارة طبية ابن............................

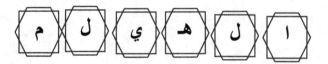

ا ل هـ ي ل م

3- دولة عربية معنى اسمها بلاد السمر دولة. ....

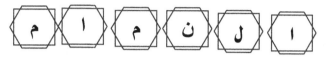

ا ل ن م ا م

4- عيناها أكبر من دماغها هي. ....

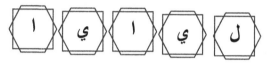

ل ي ا ي ا

نشاط (10)

كوّن أكبر عدد من الكلمات باستخدام شبكة الحروف في دقيقة: (يمكن استخدام الحرف أكثر من مرة)

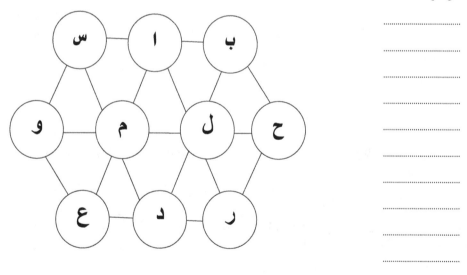

....

....

....

....

....

....

....

....

....

....

....

نشاط (11)

ما الغريب في هذه الأبيات الشعرية:

الحمـد لله الصـمد حـال السرـور والكمـد   الـلــه لا الــه إلا الـلــه مـولاك الأحــد

أول كــل أول أصــل الأصــول والعمـــد   الحــول والطــول لــه لا درع إلا مــا سرد

الجواب : ....

نشاط (12)

تضم هذه المجموعات ثمانية أ سماء كل اسمين بينهما علاقة اربط بين كل اسمين بما يناسب:

نشاط (13)

وزع حروف الكلمات على المربعات أفقياً وعمودياً بشكل صحيح:

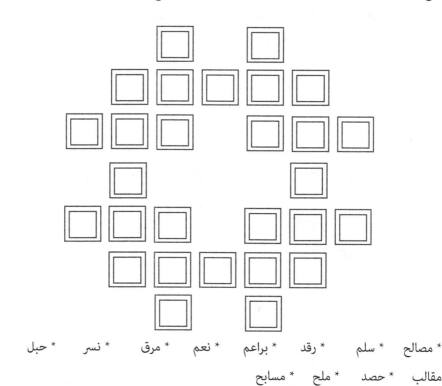

* مصالح * سلم * رقد * براعم * نعم * مرق * نسر * حبل *

مقالب * حصد * ملح * مسابح

نشاط (14)

دقق جيداً في هذه الكلمات وحل اللغز (كلمة من ثلاث حروف)

إذا حذفت أوله أصبح شيء عظيم.

و إذا حذفت أوسطه أصبح عدو للإنسان.

و إذا حذفت آخره أصبح شيء غالي الأثمان.

و إذا قلبت الكلمة أصبح شيء تقشعر منه الأجسام.

الجواب : ....

نشاط (15)

أكمل الحروف الناقصة في الدائرتين لتكمل كلمتين مترادفتين في المعنى ، يمكنك التحرك في

اتجاه عقارب الساعة أو عكسها.

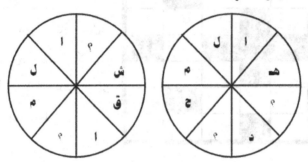

نشاط (16)

رتب الحروف الأبجدية كما هو موضح بالشبكة لتحصل على مفتاح حل اللغز: مذهب

اقتصادي.

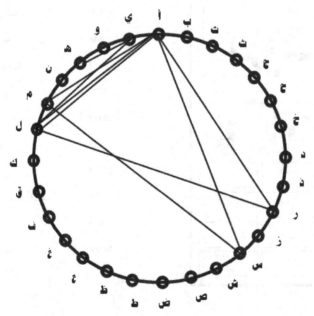

نشاط (17):

ضع الكلمات الآتية في المربعات الآتية بدون تكرار.

فيل - فهم - موز - ملل - غزل - كيك - كلب - وطن - سرب - كنس - وشم - رجل - رأس - قدم - غسق - ملل - شجر - شمس - يود - سيل

نشاط (18):

حاول اكتشاف الكلمات المشفرة بالاستعانة بأرقام الموبايل المبينة في الشكل على اليسار. علماً بأن بعض الكلمات تحتاج إلى معلومات عامة.

مثال: أرسان	73453	
1- مدينة عراقية	87858	
2- دولة عربية	548	
3- عاصمة عربية	8485	
4- عملة عربية	53775	
5- شكل هندسي	25335	
6- عالم عربي	3774 723	
7- بالون طائر	53978	
8- عضو في جسم الإنسان	74	
9- فاكهة لذيذة	578	
10- دولة أوربية	34758	

نوكيا

space	ب ت ة ث	ء أ
1	2	3
س ش ص ض	د ذ ر ز	ج ح خ
4	5	6
ن ه و ي	م ل لا ك ق	ط ظ ع غ
7	8	9
※	0	#

نشاط (19):

قم بكتابة أكبر عدد من الكلمات تنتهي بالحروف التالية في دقيقة:

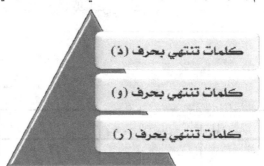

كلمات تنتهي بحرف (ذ)

كلمات تنتهي بحرف (و)

كلمات تنتهي بحرف (ر)

نشاط (20):

ابحث عن البداية واستخدم الحروف الموجودة لتكوين جملة:

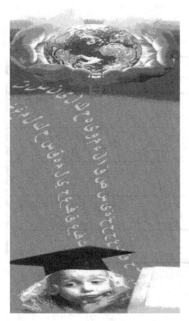

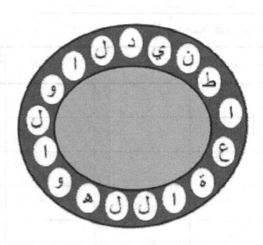

نشاط (21):

اقرأ العبارة التالية ثم تأمل جيداً واكتشف ما هو الغريب فيها:

سر فلا كبا بك الفرس

نشاط (22):

أكمل الجدول بالكلمات المناسبة

الحرف	بالمنزل	بالسيارة	بجسم الإنسان	بالمدرسة
ق				
ك				
م				
ب				
ح				

Complete the following table

Letter	In school	In body	In car	House in
B				
F				
H				
N				
S				

نشاط (23):

المتحدث اللبق:

اختر أحد الموضوعات التالية وقم بالتحدث عنها لمدة لا تقل عن 5 دقائق متواصلة باختيار أفضل عبارات وأجمل التعابير.

نشاط (24):

حلقة الحروف:

دون الحروف الهجائية العربية أو الانجليزية في بطاقات صغيرة ثم اطوها وضعها في سلة ،كون مجموعة من الأشخاص الراغبين بالتحدي ليقفوا على شكل حلقة ، ليسحب أحد الأشخاص حرفا محدداً. يقوم كل شخص بذكر كلمة تبدأ بالحرف ثم الذي يليه فالتالي وهكذا مع مراعاة عدم تكرار الكلمة من شخص آخر ، في حال عدم القدرة على استحضار كلمة أو تكرار كلمة مذكورة ،يتم انسحاب الشخص، الفائز من يصمد حتى النهاية.

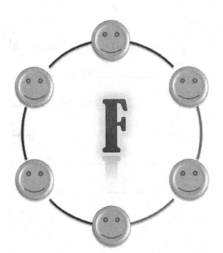

نشاط (25)

حرفي المفضل

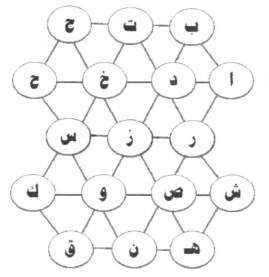

يتم عرض لوحة الحروف أمام الشخص ليختار الحرف المفضل لديه:

يتم طرح مجموعة من الأسئلة يشترط في الإجابة عليها أن تبدأ الكلمة أو الجملة بالحرف المفضل لدى الشخص وهذا نموذج لبعض الأسئلة التي يمكن طرحها:

اسمك ....

عمرك.......................................

أكلة تفضلها.......................................

مكان تفضل زيارته.......................................

صفة تحب الاتصاف بها.......................................

هواياتك.......................................

صديقك المقرب.......................................

حلمك وهدفك.......................................

2- الذكاء المنطقي الرقمي:Logical intelligence

كان بياجيه مولعا بسرد حكاية عن طفل ترعرع حتى غدا عالم رياضيات ممتاز، كان قد واجه في ايام طفولته مجموعة من الأشياء موضوعة أمامه فقرر أن يعدها، فاستقر في ذهنه أن عدد الأشياء عشرة، فرتبها بترتيب مختلف فإذا هي عشرة أيضا وكرر العملية مرات ومرات كلما رتبها بشكل مختلف وجدها أن عشرة فالنتيجة أن العدد عشرة أشار إلى مجموع العناصر بغض النظر عن ترتيبها طالما تم عد العنصر مرة واحدة.

يمكن تعقب هذا الشكل من التفكير إلى مواجهة مع الأشياء ذلك أن الطفل الصغير يتوصل إلى معرفته الأولية والأكثر أساسية حول المجال المنطقي الرياضي من خلال مواجهة الأشياء.

وتبعد الشقة بالذكاء المنطقي الرياضي بدءا من هذه النقطة الأولية عن عالم الأشياء المادية.

وينطلق المرء عبر مسيرة النمو من الأشياء إلى الأحكام، ومن الأفعال إلى العلاقات بينها ومن المجال الحسي الحركي إلى مجال التجريد الخالص حتى يصل بالنهاية في نهاية المطاف إلى ذرا المنطق والعلم، والسلسلة طويلة ومعقدة ولكن ليس من الضروري أن تكون غامضة إذ يمكن العثور على جذور المناطق العليا من التفكير المنطقي والرياضي في أفعال الأطفال البسيطة التي يقومون بها على الأشياء المادية في عالمهم.

يستكشف الطفل الأشياء من حوله من سن مبكرة، ويتعامل معها بعلاقات سببية بسيطة ترتبط بخبرته الآنية معها، وعندما يدرك ثبات الأشياء فإنه يستطيع أن يفكر فيها ويشير إليها حتى في غيابها، ثم إنه يصبح قادرا على إدراك التشابهات بين أشياء معينة كالأكواب باختلاف أشكالها وأحجامها وألوانها.

ثم يغدو قادرا على تصنيف الأشياء على أساس العلاقات في النوع، اللون، الحجم؛ فهو يستطيع تصنيف ألعابه إلى سيارات، و تصنيف السيارات إلى شاحنات وسيارات صغيرة، وتصنيف الشاحنات إلى شاحنات صفراء وأخرى حمراء.....

تعمل القدرة على تجميع الأشياء المتشابهة معا لمعرفة الطفل بأن هناك أشياء معينة تمتلك خصائص محددة مشتركة.

إذا كانت النتاجات التي يصنعها أفراد موهوبون في اللغة والموسيقى متاحة بيسر لجمهور واسع، فإن الوضع في الرياضيات على النقيض تماما.

وباستثناء قلة من الأفراد المتخصصين فإن معظمنا لا يستطيع الإعجاب بأفكار وأعمال علماء الرياضيات إلا من بعيد.

إن عالم الرياضيات يحتاج لقدرتين الأولى: التذكر الخاص للخطوات في سلسلة محاكاة عقلية، والثانية: في إدراك طبيعة الروابط بين القضايا.

من الممكن أن تكون أكثر سمات موهبة عالم الرياضيات مركزية وضرورية هي قدرته على التعامل ببراعة مع سلاسل طويلة من المحاكمة العقلية، عمل على نحو منتظم سياقات معقدة اشتقت من سياقات بسيطة ويتوقع أن تكون النتائج صحيحة ليس في مجملها بل في تفاصيلها، وقد يكون التتبع في البداية حدسيا.

وتكمن في قلب الموهبة الرياضية القدرة على إدراك مسائل ذات مغزى ثم حلها، أما ما الذي يجعل هذا الإدراك ممكنا فإن الرياضيين أنفسهم لا يمتلكون إجابة.

وعلى الرغم من أن الرياضيين يعلون من شأن حدسهم فإن الطرائق المباشرة هي عدتهم الاحتياطية التي يلجأون إليها عندما يخفق الحدس.

لاشك أن العلم والرياضيات مرتبطان بعروة وثقى، فقد ارتبط العلم بالرياضيات خلال حقب تاريخية، ولعل الرياضيات سهلت حسابات الفيزياء والكيمياء فحساب التفاضل والتكامل أوجد الفرصة لحسابات وعلاقات في علم الفلك وحركة الكواكب.

لذلك أضحى علم الرياضيات ضرورة لا يمكن الاستغناء عنها لبناء نماذج ونظريات يمكن أن تصف وتفسر عمل العالم سواء أكان عام الجمادات (الفيزياء والكيمياء) أم عالم الكائنات الحية (الأحياء) أم عالم الإنسان (العلوم الاجتماعية والسلوكية) أم عالم العقل الإنساني (العلم المعرفي).

أما فيما يتصل بتنظيم القدرات العددية في الدماغ، فإن جوانب مهمة من القدرة العددية تتمثل عادة في الشق الأيمن من الدماغ، ويمكن أن يكون تداع لقدرات حسابية منفصلة كفهم الرموز العددية، وإدراك معنى العلامات التي تشير إلى عمليات عددية، وغالبا ما تكون القدرة على قراءة وإصدار إشارات الرياضيات وظيفة الشق الأيسر من الدماغ، بينما يتطلب فهم العلاقات والمفاهيم العددية تدخلا من الشق الأيمن، فهناك مرونة كبيرة في الدماغ الإنساني من حيث الطريقة التي يمكن أن تجرى فيها مثل هذه العمليات والتضمينات المنطقية.

يظهر الذكاء المنطقي الرياضي في قدرة الفرد على استخدام الأرقام أو السلوك المنطقي.

ومظهر هذا الذكاء استخدام الرقم. وتزدهر في فترة المراهقة، وتتزايد حتى سن الأربعين.

إن المتعلمين الذين يتفوقون في هذا الذكاء، يتمتعون بموهبة حل المشاكل، ولهم قدرة عالية على التفكير، فهم يطرحون أسئلة بشكل منطقي ويمكنهم أن يتفوقوا في المنطق المرتبط بالعلوم وبحل المشاكل.

المهنة: رياضي - محام - محاسب - مبرمج

خصائص الفرد الذي يتسم بالذكاء المنطقي الرياضي :

- الاهتمام بالبحث عن الألعاب الكمبيوتر الحسابية.

- طرح كثير من الأسئلة عن كيفية عمل وتشغيل الأشياء.
- حساب المسائل الرياضية في الرأس بسرعة.
- التمتع بحصص الرياضيات.
- التمتع بالعمل واللعب بالأحاجي أو المشكلات التي تعتمد على التفكير الناقد.
- التمتع بتصنيف الأشياء إلى أنواع وفصائل أو في تسلسل.
- التفكير بطريقة تجريبية نظرية أكثر ممن هم في مرحلته العمرية.
- لديه إدراك جيد للأسباب.
- يتحقق ويختبر الافتراضات بنفسه.
- يستمتع بالعمليات المركبة وطرق البحث العلمي.
- يبتكر نماذج جديدة في العلوم والرياضيات.
- يستخدم رموز مختصرة لتقديم وتحديد بعض الأهداف والمفاهيم.
- لديه إدراك عال بالمفاهيم المتعلقة بالوقت الأوزان السبب والنتيجة.
- يستمتع حيث يجد المشكلات لحلها.

أحمد زويل

الخوارزمي

ماري كوري

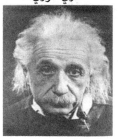

انشتاين

كيف ندعم الذكاء المنطقي؟

1- حل الفوازير المنطقية والرياضية.
2- ألعاب المنطق والحساب الذهني.
3- تنمية مهارات التفكير المنطقي: المقارنة، التصنيف التمييز.
4- حل المشكلات،......
5- استخدام الكمبيوتر، والتطبيقات الكتابية، والبرامج

6- فرز الأشياء، والتصنيف.

7- فك الشفرات، وألعاب الدمينو.

8- ألعاب الأرقام

9- التفكير الاستدلالي والاستنتاجي.

استراتيجيات التدريس الملائمة للذكاء المنطقي الرياضي

مفهوم الاستراتيجية	الاستراتيجيات	م
هي تلك الاستراتيجية التي تزودنا بأسس التفكير الرياضي.	الحسابات والكميات Calculations And Gategorizations	1
تنظيم وترتيب المعلومات حول أفكار معينة بطريقة منطقية عقلانية مما يجعل تذكرها ومناقشتها أسهل.	التصنيف والتبويب Classifications and Gategorizations	2
تهتم هذه الاستراتيجية بتأثير النظريات العلمية والأفكار العلمية على المواد الدراسية المختلفة.	التفكير العلمي Science Thinking	3
التركيز على التفكير الناقد لمعلومات سابقة للخروج بأفكار صحيحة بعيدة عن العواطف والمواقف اللحظية، وذلك بسؤال الطلبة عن وجهات نظرهم.	التساؤل السقراطي Socratic Questioning	4
تضم هذه الاستراتيجية مجموعة من الاستراتيجيات والبدهيات والمقترحات حول كيفية التصرف في المواقف بأسلوب منطقي مثل: قواعد تقليب الصفحات، واقتراحات لحل المشكلات.	موجهات الكشف أو المساعدات Heuristics	5

أنشطة متنوعة لتنمية الذكاء المنطقي:

نشاط (1)

اختر الشكل في الأسفل الذي يكمل التسلسل التالي في الأشكال أمامك:

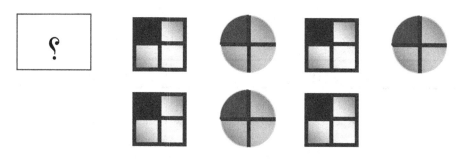

نشاط (2)

كم يكون الوقت في الساعة رقم 4 حسب التسلسل ؟

نشاط (3):

ما هو الرقم المنطقي في المربع الفارغ حسب التسلسل التالي ؟						
4	5	7	10	14	19	؟

نشاط (4):

استخدم الأرقام من 1-9 لتعبئة الفراغات بشكل صحيح للوصول للإجابة الصحيحة:

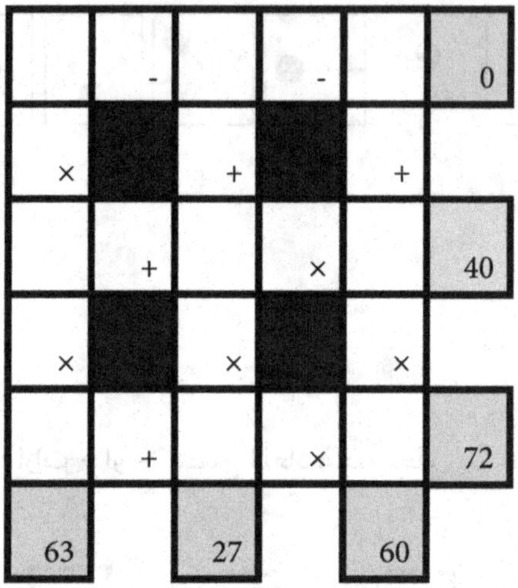

			-		-		0
×		+			+	
	+		×		40
×		×		×	
	+		×		72
63		27		60	

نشاط (5):

ضع ثماني كرات على هذا الشكل بحيث يكون عند كل خط مستقيم قطعتان وعند محيط كل دائرة قطعتان.

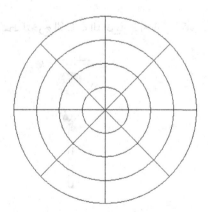

نشاط (6):

اختر رقم الشكل الذي يكمل تسلسل الأشكال التالية:

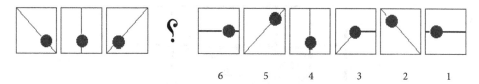

6   5   4   3   2   1

نشاط (7)

أكمل المربعات الناقصة بإشارات + أو – لتصبح المعادلة صحيحة:

10 = 6 □ 5 □ 4 □ 3 □ 12

نشاط (8)

غير أماكن عودين فقط لتخرج القطعة الدائرية إلى خارج الكأس

نشاط (9)

أوجد الرقم الناقص في الشكل الأخير:

نشاط (10)

ما هو الشكل الدخيل فيما يلي من هذه الأشكال:

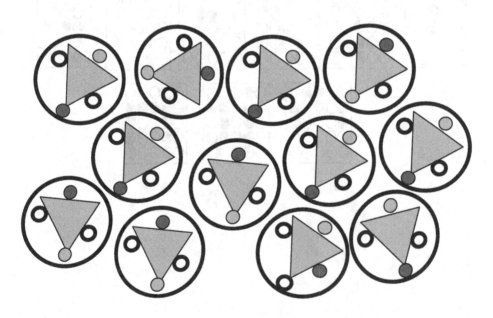

نشاط (11)

أكمل المربع الناقص بما يناسب:

9	3
4	10

7	5
6	8

11	1
2	؟

نشاط (12)

اختر أحد الشبكات الثلاث في الأسفل لتكمل التسلسل:

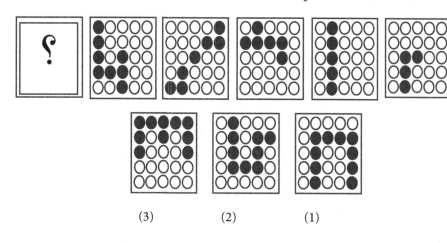

(3) (2) (1)

نشاط (13)

ما الرقم الذي يكمل السلسلة

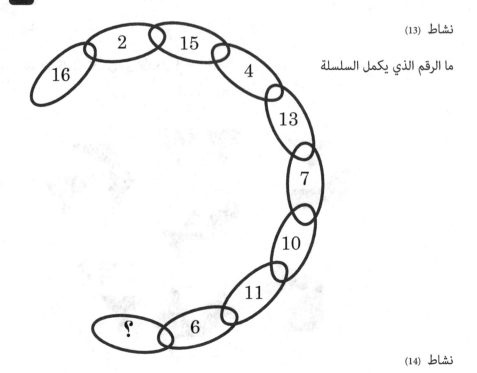

نشاط (14)

ما المكعب الذي ينطبق على الشكل في الوسط؟

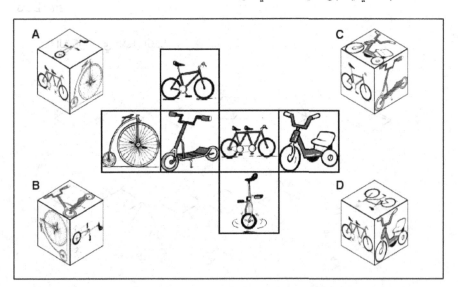

نشاط (15)

ما هو الشكل الشاذ من بين الأشكال ؟

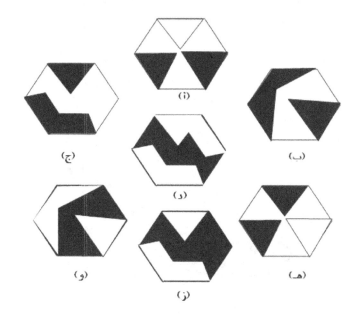

نشاط (16)

ما الشكل الذي يكمل التسلسل؟

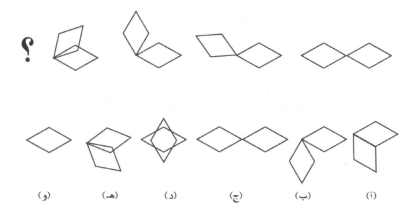

نشاط (17)

لدى رجل مسبح مربع الشكل وعند كل زاوية مزروعة نخلة، أراد أن يوسع المسبح دون أن

يتغير الشكل الرباعي للمسبح مع المحافظة على النخلات في مكانها دون قطعها فمن يساعده!!!!!

نشاط (18)

ما الذي يجعل الميزان الأخير متوازناً ؟

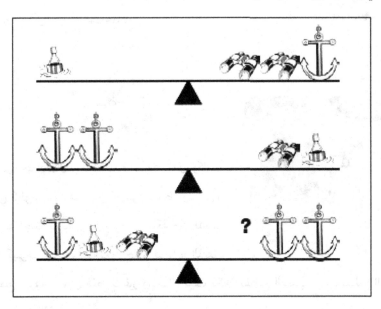

نشاط (19): ضفدعة في البئر

سقط ضفدع في بئر عمقها 20 متراً وفي كفاحه للخروج تقدم الضفدع في نهار اليوم الأول مسافة ثلاثة أمتار على جدران البئر اللزجة ولكن أثناء الراحة خلال الليل تراجع الضفدع مترين للأسفل وتكرر ذلك في الأيام التالية ، كم يوم يحتاج الضفدع للخروج من البئر؟

نشاط (20): كيف تزرعها؟

لدينا 10 شجيرات ، نود زراعتها في 5 خطوط مستقيمة بحيث يكون في كل خط 4 شجيرات فكيف يمكن توزيعها؟

نشاط (21) سبيكة ذهبية

استأجر رجل أحد العمال ليخدمه لمدة أسبوع كامل، وكانت الأجرة هي كيلو من الذهب عن كل يوم بشرط أن العامل لابد أن يأخذ أجرته يومياً. ولدى الرجل سبيكة من الذهب تزن سبعة كيلوجرامات ومعها سكين خاص لتقطيع الذهب ولكنها تقطع الذهب مرتين فقط لا غير والسؤال كيف يكون تقطيع الذهب لكي يستطيع العامل أخذ أجرته يومياً ؟؟؟

نشاط (22):

لعبة سودوكو Sudoku

	3		4					
		5		6	7	2		
		2						3
6			8					7
	4						9	
5					1			2
8						6		
		9	5	3		4		
					2		7	

تعتمد فكرة سودوكو على وجود مربع كبير مقسم لـ 9 مربعات متوسطة... وكل مربع منهم مقسم لـ 9 مربعات صغيرة... والمطلوب / توزيع الأرقام من 1 إلى 9 في المربعات الصغيرة بحيث يحتوي كل مربع متوسط على الأرقام كلها من 1 إلى 9... وبحيث لا تتكرر الأرقام في صفوف أو أعمدة المربع الكبير

نشاط (23):

ما الرقم الناقص في النجمة ؟

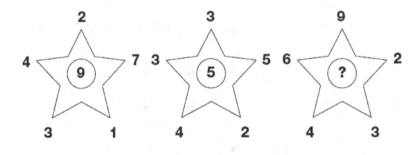

نشاط (24):

هيتوري: تعني باليابانية (اتركني وحيدا).

احذف مجموعة من الأرقام والأعداد بحيث تكون الأرقام الباقية
متصلة مع بعضها البعض ولا يتكرر أي منها على نفس العمود
أو الصف.

3	6	2	6	5	6
5	1	3	6	2	2
5	6	1	6	4	3
6	2	6	5	1	5
1	1	4	1	3	5
3	3	5	2	6	5

نشاط (25):

قسم الشكل الآتي إلى أربعة مناطق متطابقة يحتوي كل منها
على دائرة ونجمة.

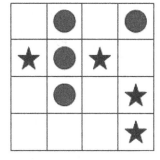

نشاط (26):

باستخدام النقاط 16 في الأسفل ارسم 3 أقواس لتوصل بينها

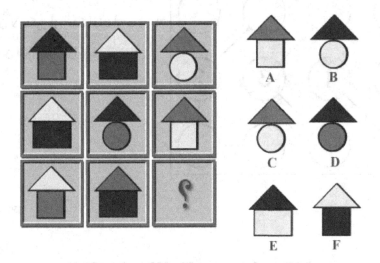

نشاط (27)

أي الخيارات التالية تكمل الفراغ الناقص:

نشاط (28):

سيكاكو

قم بتقسيم الشبكة إلى مناطق مستطيلة أو مربعة بعدد من المربعات مساوية لكل رقم.

6		6		2		6
6		12		12		3
6		6		6		3
6		12		4		4

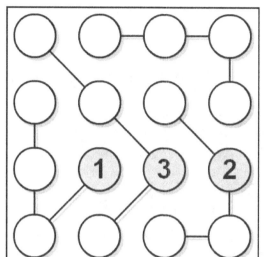

نشاط (29):

ستريمكو

أكمل الدوائر الفارغة بالأعداد من 1-4

على أن لا يتكرر أي عدد أفقيا أو عموديا

أو ضمن المجموعة الواحدة

نشاط (30):

التانجرام

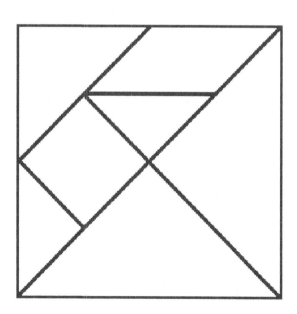

التانجرام شكل مربع مقسم إلى سبعة قطع هندسية يمكن استخدامها في تركيب عشرات الصور.

قم بنسخ هذا الشكل ثم قطع الأشكال الهندسية التي يتكون منها ثم قم بتركيب الأشكال
التالية

3- الذكاء المكاني – البصري Spatial / Visual intelligence:

خذ قطعة مربعة من الورق، واطوها طية واحدة ثم اطوها بعد ذلك مرتين أيضا، والسؤال هو ما عدد المربعات التي تحصل عليها بعد آخر طية ؟

رجل وفتاة يسيران معا، ويخطوان أو خطوة بقدمهما اليسرى، تمشي الفتاة ثلاث خطوات في الوقت الذي يمشي فيه الرجل خطوتين. السؤال: عند أي نقطة سوف يرفع كلاهما رجله اليمنى عن الأرض في وقت واحد ؟

هذه مشكلات يعتمد حلها على القدرات المكانية.

دعونا ننظر في بعض المسائل التي تستدعي إبداع صورة عقلية:

تخيل حصانا، السؤال: أي النقطتين أعلى: ذروة ذنب الحصان، أو أدنى جزء من رأسه ؟

تخيل مغسلة مطبخك، واذكر أي الصنبورين هو صنبور الماء الساخن ؟

تخيل ميدانا أو منطقة تعرفها، وقّت لنفسك الفترة التي تنتقلها من مبنى لآخر، ثم   قارن هذه الفترة المتخيلة بالفترة الفعلية التي يستغرقها قطع المسافة.

لابد أنك شكلت إدراكا حدسيا للقدرات التي يعتقد الباحثون بمركزيتها للتفكير المكاني.

هل يبدو أن هذه المجموعة من المهمات تعتمد على آليات معرفية خاصة ؟

لعلك شكلت رأيا أوليا أن تحل المشكلات التي تتطلب قدرات مكانية (حصرا) من خلال وسائط لفظية أو رياضية ؟ فإنك إذا حللت مسألة طي الورق بضرب 2×2×2 فإنك اتخذت لنفسك طريقا منطقيا رياضيا ؛ ولا بد أن تكون لديك حساسية لما إذا كان النمط المكاني للتفكير طبيعيا لك كما هو بالنسبة لأفراد عديدين موهوبين بالفن والهندسة، أو إذا كان هذا النمط يطرح عليك صعوبات لا قبل لك بها كما هي الحال بالنسبة لأفراد موهوبين في مجالات أخرى كالموسيقى واللغة.

تقع في قلب الذكاء المكاني القدرات على إدراك العالم البصري بدقة وإجراء التحويلات والتعديلات على إدراكات المرء الأولية والقدرة على إعادة إبداع جوانب من خبرة المرء البصرية حتى لو كان في غياب مثيرات مادية ذات صلة بهذه الخبرة فقد يطلب من المرء أن ينتج أشكالا قدمت له، إن هذه القدرات ليست متطابقة فالفرد قد يكون حديد الإدراك البصري بينما لا يتمتع إلا بنزر يسير من القدرة على الرسم والتخيل أو تحويل عالم ليس ماثلا أمامه.

عبارة الذكاء المكاني لدى الكائنات الإنسانية العادية يرتبط ارتباطا وثيقا وينبثق في أكثر وجوهه مباشرة من ملاحظة المرء للعالم البصري، وكما أن الذكاء اللغوي لا يعتمد برمته على الأذن والفم، ويمكن أن يتطور لدى فرد يفتقر إلى هذه القنوات التواصلية، فإن الذكاء المكاني يتطور أيضا لدى فرد فقد حاسة البصر فلم يعد له اتصال مع العالم البصري، لذلك يبدو من الأفضل أن نتحدث عن الذكاء المكاني دون أن نربطه على نحو لا ينفصم مع أي حاسة بعينها.

نرسم الذكاء المكاني بقولنا أنه القدرة على إدراك شكل أو شيء، وفي وسع المرء أن يقيس ذلك بأن يحاكي شكلا بنسخه مثلا.

الذكاء المكاني يتضمن عددا من القدرات التي ترتبط فيما بينها بروابط يعوزها الإحكام، كالقدرة على التعرف على حالات من النفس العنصر، والقدرة على تحويل عنصر إلى آخر أو إدراك هذا التغيير، والقدرة على تكوين صورة عقلية ثم تحويل هذه الصورة والقدرة على إنتاج شبيه تصويري لمعلومات مكانية وما شاكل ذلك. وهذه القدرات قد تكون بعزل عن بعضها البعض، ومع ذلك تعمل هذه القدرات على نحو نمطي في المجال المكاني.

من وجوه الذكاء المكاني القدرة المجازية على تمييز بين مجالات متنوعة تنهل في كثير من الحالات من تجل للذكاء المكاني، فعندما تعقد مناظرة للشبة بين الكائنات العضوية الدقيقة والمجتمع الإنساني المنظم، أو عندما نرى السماء كغشاء أو الذرة كنظام شمسي مصغر، فهذه الصور المتخيلة معينات للتفكير، بل قد تكون هذه المخيلة البصرية والمكانية مصدرا أوليا للفكر.

المقر الأكثر أهمية للمعالجة المكانية (و البصرية المكانية) في الدماغ في الشق الأيمن منه وخاصة في الأقسام الخلفية. فإن المصاب في شق دماغه الأيمن يعاني صعوبة في تحويل المصفوفات البصرية وفي توقع كيف ستبدو من زاوية أخروه وفي قراءة خريطة أو العثور على طريقهم في مكان لم يألفوه وفي فهم وتذكر معلومات بصرية أو مكانية.

أشارت البحوث التي أجريت على المكفوفين إلى أن المعرفة المكانية لا تعتمد بأكملها على الجهاز البصري بل إن المكفوفين يمكن أن يدركوا جوانب معينة من الصور.

ففي وسع مكفوفين ومفحوصين أسوياء أغمضت عيونهم (أجريت عليهم فحوصات) أن يتعرفوا على أشكال هندسية قدمت لهم من خلال رسوم ذات خطوط بارزة.

وهذا يظهر أن المكفوفين يميلون إلى تحويل الخبرات المكانية إلى عدد من الخطوات ذات توجه معين وحسب نوع الحركة المطلوبة ؛ كأن يمرر يده على شيء فكلما ازدادت الحركة زمنيا بدا الشيء أكبر.

وقد أثبتت طفلة مكفوفة من الولادة وعمرها سنتان ونصف قدرتها على تحديد الممر الملائم بين شيئين بعد أن وصلت لكل واحد منهما من موقع ثالث. لقد كان على الطفلة كي تحدد المسار بين أشياء على امتداد طريق لم تسلكه من قبل أبدا أن تكون قادرة على معرفة المسافات والعلاقات للزوايا للممرات المألوفة وأن تشتق بعد ذلك زاوية الممر الجديد من هذه المعلومات.

في سن الرابعة استخدمت خريطة لمسية لتكتشف مكافأة موضوعة في الغرفة، على الرغم من أن الخريطة لم تعرض على الطفلة من قبل.

إن نظم التمثيل المكاني متاحة للخبرة البصرية أو اللمسية على حد سواء وليس الذكاء المكاني حكرا بالضرورة على حاسة البصر.

صورة لحصان رسمته طفلة موحدة

إن العقل بعملياته العادية متحف صور كامل تقريبا وكلما قرأت أو سمعت أن شخصا فعل شيئا بتواضع أو وقار أو فخر أو ذلة أو كياسة فإنك ترى لمحة بصرية عن التواضع أو الوقار أو الفخر أو التواضع أو الكياسة.

تكون القدرات البصرية والمكانية على نحو ملحوظ عند قليل من الأفراد، فالفنانون عادة ما يتميزون عن غيرهم في قدراتهم المكانية.

لا شك في أن ذكاء مكانيا مرهفا ومصقولا ميزة لا تقدر بثمن، وهذا الذكاء يمثل جوهر بعض الأعمال مثل النحات أو عالم الطوبولوجيا الرياضية ويصعب التقدم في مثل هذه المجالات دون ذكاء مكاني متطور. وهناك عدة أعمال أخرى قد لا يكفي الذكاء المكاني لتحقيق الكفاية منها ولكنه يقدم كثيرا من الحافز العقلي الضروري.

ينبغي التأكيد على أن دخول الذكاء المكاني ليس متجانسا بين العلوم المختلفة والفنون وفروع الرياضيات فالطوبولوجيا تستخدم التفكير المكاني إلى حد أكبر بكثير مما يفعل الجبر وتعتمد العلوم الفيزيائية على القدرة المكانية إلى حد أبعد مما تفعل العلوم البيولوجية والاجتماعية التقليدية ، ومن الواضح أن المعرفة المكانية يمكن أن تكون مفيدة لأغراض علمية متنوعة كأداة مفيدة وكمعينة للتفكير وكطريقة للإحاطة بالمعلومات وطريقة لصوغ المشكلات أو حتى وسيلة لحل المشكلات ذاتها.

يظهر الذكاء البصري في القدرة على ملاحظة العالم الخارجي بدقة وتحويله إلى مدركات حسية. ومظهر هذا الذكاء الصورة. ويبرز هذا الذكاء مبكرا ويزدهر في سن 9-10 سنوات ويبقى مع الفنانين إلى عمر متأخر..

إن المتعلمين الذين يتجلى لديهم هذا الذكاء محتاجون لصورة ذهنية أو صورة ملموسة لفهم المعلومات الجديدة، كما يحتاجون إلى معالجة الخرائط الجغرافية واللوحات والجداول وتعجبهم ألعاب المتاهات والمركبات. إن هؤلاء المتعلمين متفوقون في الرسم والتفكير فيه وابتكاره

بيكاسو

ليوناردو دافنشي

المهنة: فنان - مصور - مهندس ديكور

خصائص الفرد الذي يتسم بالذكاء البصري / المكاني:

- نقل ووصف المناظر الخيالية بوضوح.
- قراءة الخرائط والرسوم البيانية واستيعاب الرموز المصاحبة لها.
- الاستمتاع بالأنشطة الفنية.
- رسم الوجوه بطريقة أفضل عن من هم في مثل سنه.
- حب وتفضيل رؤية العروض المرئية.
- التمتع بعمل تكوينات المتاهات والاستمتاع بألعاب الفك والتركيب.
- رسم خطوط أو أشكال للتعبير عن المهام والأعمال التي تسند إليهم.
- إدراك العلاقات المكانية بين الأشكال والفراغات وتقدير الأحجام.
- يعبر عن المواقف التي تحدث بالوصف أو الرسم من الخيال.
- يفضل الأنشطة التي يمارس فيها الرسم.
- يقدر المسافات ويفضل ألعاب التصوير.

تنمية الذكاء البصري المكاني:

1- ألعاب المتاهات، والألغاز المرئية.

2- ألعاب التركيبات ثلاثية الأبعاد. البناء والتصميم.

3- التصوير الفوتوغرافي، تصوير الفيديو.

4- الرسم، الفنون البصرية، الرسم على الكمبيوتر، الرسوم المتحركة.

5- الفيديو، والشرائح، والعروض البصرية.

نماذج لصور خداع البصر:

استراتيجيات التدريس الملائمة للذكاء المكاني (البصري):

م	الاستراتيجيات	مفهوم الاستراتيجية
1	التخيل البصري Visualization	ترجمة الكتب والمحاضرات إلى رسومات وصور وتخيلات ذهنية .
2	استشعار اللون Color Cues	تركز هذه الاستراتيجية: على استخدام الألوان كأداة تعليمية (طباشير أو أقلام أو أوراق ملونة).
3	المجازات المصورة Pictures Metaphots	القيمة التربوية للمجاز: تكمن في تكوين الترابطات بين ما يعرفه الطلاب من قبل، وما يقدم لهم بصورة مجازية.
4	رسم الفكرة Idea Sketching	تركز هذه الاستراتيجية: على التفكير المرئي البصري، أو بعبارة أخرى تحويل الأفكار إلى أشياء ملموسة.
5	الرموز البصرية Graphic Symbols	وضع رموز بيانية لا تحتاج مهارات في الرسم للتأكيد على المعلومات حيث ترسم الصورة على السبورة.

أنشطة متنوعة لتنمية الذكاء البصري:

نشاط (1)

كم عدد الأيدي في هذه الصورة ؟

نشاط (2)

ماذا تشاهد في هذه الصورة ؟..

نشاط (3):

اكتشف أي هذه الأشكال الستة يحتوي اختلافاً عن البقية:

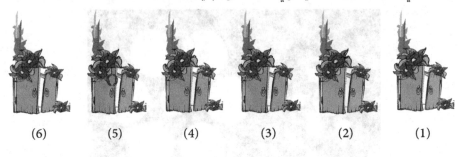

(6) (5) (4) (3) (2) (1)

نشاط (4):

بين هذه الصور واحدة تحوي اختلاف عن البقية:

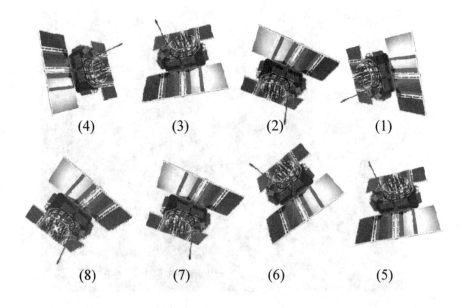

(4) (3) (2) (1)

(8) (7) (6) (5)

نشاط (5):

أي الدائرتين في الوسط أكبر الأولى أم الثانية:

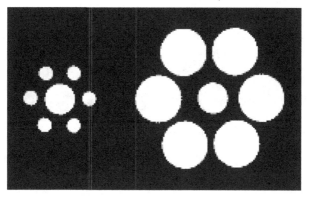

نشاط (6):

دقق النظر في الصورة وابحث عن البطريق الذي اختفى بين الأشياء.

نشاط (7):

ما الغريب في هذه الصورة ؟

نشاط (8):

هل يمكنك تحديد الأشخاص الثلاثة الذين لا يحملون حقائب في هذه الصورة ؟

نشاط (9):

أوجد القطع المتطابقة في هذه الصورة:

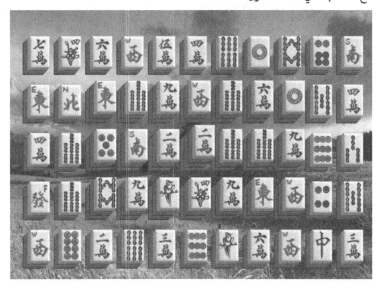

نشاط (10):

دقق النظر في هذه الصورة أي الأشخاص يمتلكون نفس الشكل ؟

نشاط (11):

ابحث عن ثمانية أكواب من الماء في هذه الصورة خلال 30 ثانية:

نشاط (12):

تأمل الصورتين واستخرج الفارق الوحيد بينهما؟

نشاط (13):

أي هذه الظلال الستة ينطبق على هذا الشكل تماماً:

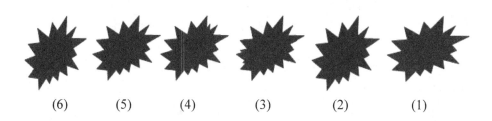

(6)   (5)   (4)   (3)   (2)   (1)

نشاط (14):

تأمل هذه الصورة جيداً لمدة 30 ثانية ثم اقلب الصفحة كم اسماً تستطيع تذكره.

نشاط (15):

ما الشكل الذي لم يتكرر مرتين بين هذه الأشكال:

نشاط (16):

استخرج خمسة فروق بين الصورتين:

نشاط (17):

شكل واحد من بين هذه الأشكال تكرر مرتين أيها يا ترى:

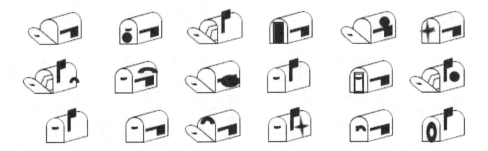

نشاط (18):

ابحث عن حرف العين بين هذه الحروف

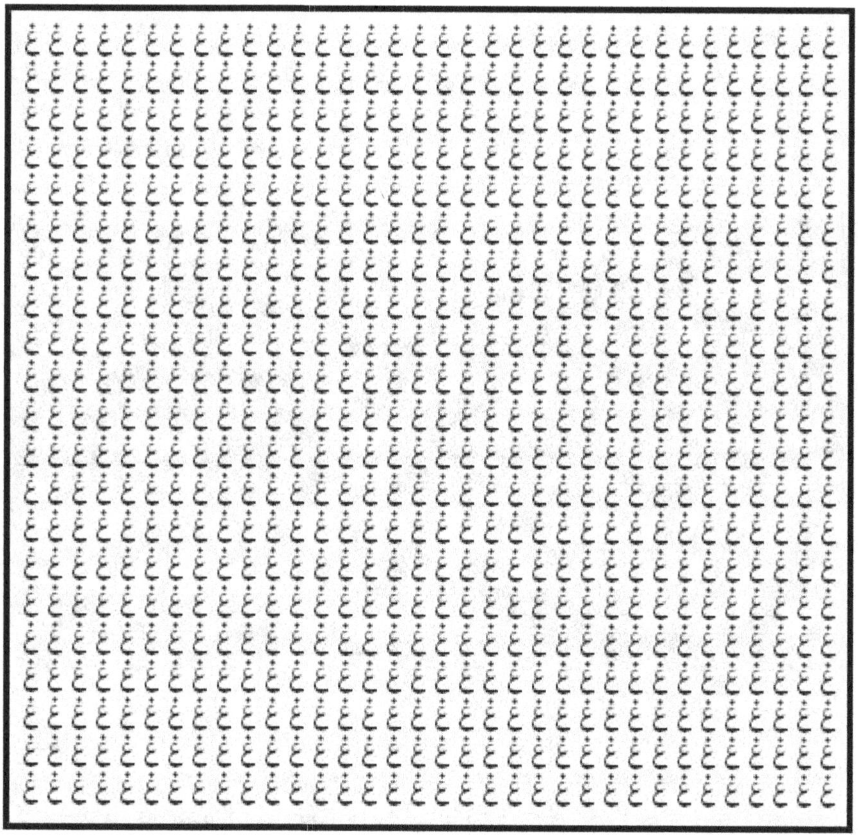

نشاط (19):

تأمل الصورة جيداً ثم ابحث عن المفتاحين بين حبات القهوة التي أمامك.

نشاط

(20):

أي الأطباق التالية شاذة عن البقية ولماذا ؟.

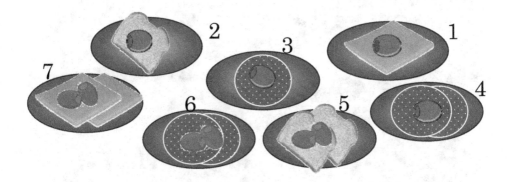

نشاط (21):

تأمل الصورة جيداً ثم ابحث عن حرف الحاء المختفي في هذه الصورة.

نشاط (22):

تأمل الصورة التالية وابحث فيها عن: (مشبك غسيل - مجسم فيل)

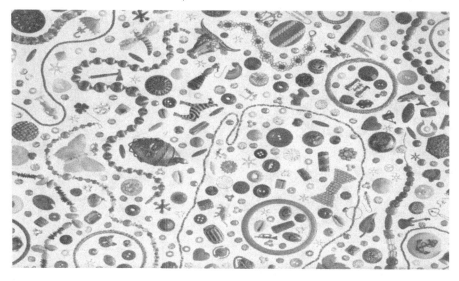

نشاط (23):

صل بين الأرقام واكتشف الصورة في أسرع وقت:

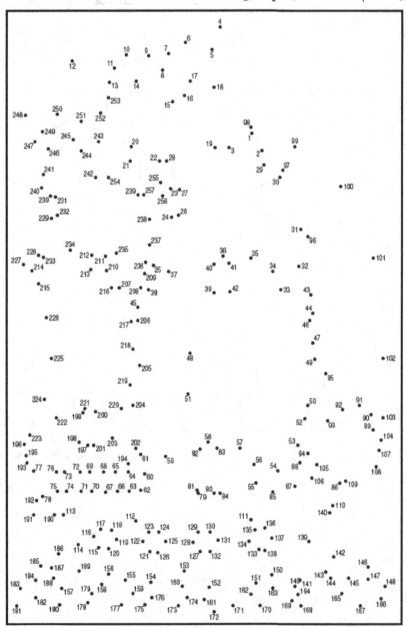

نشاط (24):

كيف يمكنك الخروج من هذه المتاهة بأسرع وقت:

البداية

النهاية

نشاط (25):

أضف خطين على الصورة التالية لتكمل الترتيب الموجود في هذه الأبراج

نشاط (26):

أوجد خمسة وجوه في هذه اللوحة

نشاط (27):

اكتشف الصورتين المتطابقتين من هذه الصور في أسرع وقت:

نشاط (28):

أي القطع الموجودة في الأسفل تكمل القرص الموجود أمامك ؟

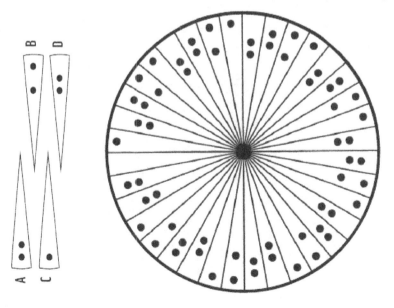

نشاط (29):

أي الصور التالية هي المختلفة عن البقية ؟

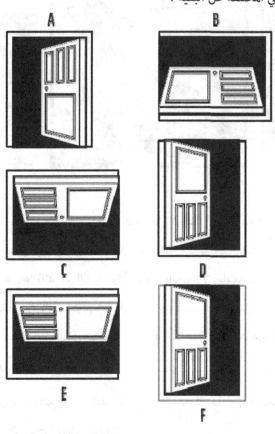

4- الذكاء الجسمي – الحركي Bodily / Kinesthetic intelligence

كان (سرحان) شخصا ساذجا لا يعرف كثيرا عن خبرات الحياة، وأدخلته جريمة حدثت في نفس العمارة التي يسكن فيها في خبرات جديدة غير مألوفة لديه وفي دوامات في المحكمة عبر فيها عن خلاله بالحركة عن علاقاته مع الأشياء والأشخاص والحيوانات بأسلوب شيق فكاهي رسم من خلاله الفرق بين شخصيتين كانت الأولى في بداية مسرحية "شاهد ما شفش حاجة" وهي الشخصية الطيبة، والثانية الشخصية التي انتقل لها بعد ممارسته الشاهدة في المحكمة واحتكاكه بعالم آخر لم يكن ليحلم أن يكون فيه.

يمكن أن تكون هذه المسرحية محاكاة للواقع، قدمها الممثل عادل إمام يصف ما يفعله الأناس الواقعيون إلا أنه يكون مضحكا للغاية عندما يقوم به.

وتتطلب هذه المهارة كاريكاتيرا فنيا مبالغة في الحركات والاستجابات حتى تدرك المكونات على نحو لا لبس فيه وتلفق مع بعضها بعضا في أداء متجانس منساب.

وقد تكون المحاكاة للواقع صامتة، فإن عليه أن يحدد الإيماءات شكل هذا الموضوع وأن يقول بتعبيرات وجهه وحركات جسمه ما الذي يفعله الموضوع أو يؤثر فيه.

إن محاكيا صامتا موهوبا على نحو خاص ليس قادرا على إبداع شخصيات كشخصية الفتوة وأفعالا كالتسلق وسحب ولكنه يستطيع أن يبدع أيضا في سلوك حيوانات كالفراشة مثلا وظاهر طبيعية كحركات الأمواج وحتى مفاهيم مجردة مثل الحرية أو القيد، الخير، الشر، القبح والجمال.

إن المحاكي يشير إلى نحو مدهش خصوصا إلى الأفعال والقدرات المرتبطة بذكاء جسمي حركي متطور للغاية، ومما يميز هذا الذكاء القدرة على استخدام المرء جسمه بطرق متمايزة وبارعة لغايات تعبيرية وهدفية أيضا.

لقد كان استخدام المرء البارع لجسمه مهما في تاريخ الإنسان لآلاف من السنوات، وعندما نتحدث ن الاستخدام المتمكن للجسم أن يرد اليونانيون على خاطرنا ولقد بلغ هذا الذكاء قمته في الغرب خلال الحقبة الكلاسيكية من خلال نشاطاتهم الفنية والرياضية، وقد سعوا إلى تطوير جسم متناسق ورشيق تماما في حركته وتوازنه وإيقاعاته،و بعبارة أكثر عموما فقد سعوا إلى تحقيق انسجام بين الجسم والعقل بحيث يتمرس العقل باستخدام الجسم على نحو ملائم ويتمرس الجسم بالاستجابة لقوى العقل التعبيرية، إلا أنه يمكن تمييز الاستخدام الذكي للجسم في نشاطات أخرى أيضا.

الاستخدام الجسمي يمكن أن يتمايز إلى أشكال متنوعة ففي وسع المرء أن يستخدم كل جسمه لتمثيل نوع معين من النشاط، كأن يجري أو يسقط لأغراض تعبيرية أساسا.

وفي رياضة مثل كرة القدم أو الملاكمة فإن اللاعب ينزع إلى استخدام جسمه كله أو يقوم بأفعال حركية كبيرة.

ويعادل هذا في أهميته في النشاط الجسمي إن لم يزد عليه توسيع الحركات الدقيقة أن قدرة المرء على استخدام يديه وأصابعه والقدرة على استخدام حركات رشيقة تتضمن الضبط الدقيق. إن في وسع الكائن الإنساني القيام بفعل مثل إمساك جسم صغير بدقة بإبهام وأصبع متقابلين على نحو بديع ورفيع المستوى، وفي وسع عازف

البيانو الماهر أن يقوم بأنماط مستقلة من الحركات وأن يحافظ على إيقاعات مختلفة في كل واحدة منها من يديه على حدة حين يستخدم يديه معا، ويمكن تحريك الإصبع في الطباعة أو إطلاق النار في جزء ألف من الثانية، أو تحريك العين بدرجات بسيطة لإتاحة الفرصة لهجمات أو تكيفات دقيقة يمكن أن تكون أقل من رعشة للإصبع في الرقص مهمة.

ليس من المبالغة في شيء القول بأن معظم أجزاء الجسم والجهاز العصبي يشارك بطرقة أو بأخرى في القيام بأفعالنا الحركية، فالعضلات المتحالفة والمتعارضة والمفاصل والأوتار تنخرط في هذا بأكثر الطرق مباشرة وحسنا الحركي الذي يراقب نشاط هذه المناطق يتيح لنا أن نحكم على توقيت حركاتنا وقوتها ومداها وأن نقوم بالتكليفات المطلوبة في ضوء المعلومات.

وفي الجهاز العصبي تقوم أجزاء كبيرة من القشرة الدماغية وكذلك المهاد والعقد العصبية القاعدية والمخيخ بتزويد النخاع الشوكي وهو المحطة التي تفضي للقيام بالفعل بالمعلومات. ومن المفارق أنه بينما تخدم القشرة الدماغية كأعلى مركز في معظم أشكال النشاط الإنساني فإن قاعدة العقد العصبية المنخفضة نسبيا والمخيخ هما اللذان يضمان أكثر أشكال تمثيل الحركات تجريدا وتعقيدا، إن القشرة الحركية ترتبط على نحو أكثر مباشرة بالنخاع الشوكي والأداء الفعلي لحركات عضلية محددة.

إن عمل النظام الحركي معقد للغاية ويتطلب تآزرا لعدد مذهل متنوع من المكونات العصبية والعضلية على نحو متكامل ومتمايز رفيع للغاية، إن هناك تفاعل شديد التعقيد بين العين واليد إذا تحركت اليد لاستعادة شيء أو إلقاء شيء، كما أن التغذية الراجعة من كل حركة مخصوصة تتيح المجال للحركات التالية كي تكون مضبوطة بدقة.

تتطلب الحركات الإرادية مقارنة مستمرة بين الأفعال المقصودة والآثار التي

تحققت فعلا فهناك تغذية راجعة مستمرة بالإشارات ناجمة علن أداء الحركات وتقارن هذه التغذية الراجعة بالصورة البصرية أو اللغوية التي توجه النشاط.

وعلى نفس المنوال يتأثر إدراك الفرد ذاته للعالم بحالة نشاطاته الحركية فالمعلومات عن موضع الجسم ووضعه ذاته توجه الطريقة التي يحدث فيها الإدراك التالي للعالم وفي الواقع فإن الإدراك لا يمكن أن يتطور على نحو سوي في غياب مثل هذه التغذية الراجعة من النشاط الحركي.

إذا كنت قد نظرت في عدة استخدامات متنوعة للذكاء الجسمي، فإن التركيز على الجسم بكونه موضوعا.

الراقصون والرياضيون يستخدمون أجسامهم كمجرد موضوعات، المخترعون يستخدمون أجزاء من أجسامهم خصوصا أيديهم لمبادلة الأشياء وترتيبها وتحويلها في العالم، يكمل الذكاء الجسمي على هذا النحو ثلاثية الذكاءات المتصلة بالموضوع وهي: الذكاء المنطقي الذي يترعرع من تنميط الأشياء في مصفوفات عددية، والذكاء المكاني الذي يركز على قدرة الفرد على تحويل الأشياء في داخل بيئته وأن يشق طريقه وسط عالم من الأشياء في المكان، والذكاء الجسمي الذي يركز على الداخل ويقتصر على استخدام المرء لجسمه كما يواجه الخارج من خلال القيام بأفعال مادية على الأشياء في العالم.

يظهر في القدرة على ضبط حركة الجسم ومسك الأشياء بدقة والتعبير الجسمي عن السلوك ومظهر هذا الذكاء (الحركة) وتبدأ في الطفولة المبكرة ويستمر في نشاط حتى الأربعين.

إن الذين يتمتعون بهذه القدرة يتفوقون في الأنشطة البدنية، وفي التنسيق بين المرئي والحركي، وعندهم ميولٌ للحركة ولمس الأشياء.

المهنة: رياضي – مدرب - نحات – ممثل.

زين الدين زيدان

خصائص الفرد الذي يتسم بالذكاء الحركي الجسماني :

- التفوق في واحدة أو أكثر من الألعاب الرياضية.
- بارع في التقليد والمحاكاة الجسدية للآخرين.
- يجب أن يفك الأشياء إلى أجزاء ثم يجمعها مرة أخرى.
- يتحرك ويتململ عندما يجلس لفترة طويلة.
- يقوم بفحص الأشياء بيديه بمجرد أن يرى الشيء.
- يظهر مهارة عالية في الأنشطة اليدوية.
- له أسلوب مسرحي تعبيري مثير وخاص.
- يظهر تعبيرات بدنية مختلفة عند التفكير أو العمل.
- يستمتع كثيرا بالعمل بالصلصال أو الخبرات الملموسة مثل الرسم بالإصبع.
- يستطيع التعبير عن أفكاره بتعبيرات الوجه واليدين وسائر أعضاء الجسم.
- يفضل الأدوار المسرحية والقصص التي تعتمد على الحركة.

ناديا كومانتشي

عادل إمام

تنمية الذكاء الحركي الجسماني:

1- الألعاب والمسابقات الحركية.
2- الطهي وتزيين الأطباق.
3- الفنون اليدوية.
4- تمثيل وتبادل أدوار ومسرح الظلال والتمثيل الصامت.
5- ممارسة ألعاب رياضية ، سباحة، رماية ، ركوب الخيل.
6- عرض العرائس

7- الألعاب السحرية

8- استعراض المواهب

9- الرحلات الميدانية،

10- استخدام الحاسب الآلي وسرعة كتابة الحروف.

استراتيجيات التدريس الملائمة للذكاء الحركي (الجسمي):

م	الاستراتيجيات	مفهوم الاستراتيجية
1	إجابات الجسم Body Answers	تعتمد هذه الاستراتيجية على استخدام حركات الجسم كوسيلة للتعبير عن الفهم.
2	المسرح الصفي The Classroom Theater	تعتمد هذه الاستراتيجية بتحويل المناهج في إطار مسرحي تمثيلي، ويمكن أن يكون المسرح غير نظامي مثل ارتجال لمدة دقيقة لقطعة في المطالعة، وكذلك يمكن أن يكون نظامياً كمسرحية رسمية تأخذ ساعة في نهاية الفصل الدراسي .
3	المفاهيم الحركية Kinesthetic Concepts	ترجمة المعلومات من نظم رمزية لغوية إلى تعبيرات جسمية حركية.
4	التفكير العلمي باليدين Thinking by Hands	تصميم تطبيقات عملية مرتبطة بموضوع الدرس وتنفيذها عن طريق العمل اليدوي.
5	خرائط الجسم Body Maps	استخدام جسم الإنسان بمثابة أداة تعليمية أو خريطة أو مرجع لمعلومة معينة.

أنشطة تنمي الذكاء الحركي:

حمل الماء بالإسفنج:

ينقل الماء من برميل إلى آخر كل شخص يمثل أسرة.أو شخصين أو ثلاثة أشخاص تتابع يذهب الأول بالإسفنجة مبللة بالماء ويفرغها في البرميل الثاني ويرجعها الثاني ويعبئها الثالث ثم يعود الأول بها وهكذا حتى النهاية.

لعبة تفجير البالونات..:

نحتاج إلى:بالونات معبأة بالماء + دبابيس + حبل طويل لتعليق البالونات منديل حريري، تعلق البالونات بعد تعبئتها بالماء ويطلب من كل متسابق من الفريق أن يقوم بتفجير البالون وهو معصوب العين والأفضل من يقوم بتفجير أكبر عدد من البالونات..

لعبة القربة المخروقة:

نحتاج إلى سطل مملوء بالماء وواحد فارغ.. المملوء يوضع في أول الملعب والفارغ في آخر الملعب + قارورة ماء بها خرم أو اثنين بالأسفل ..يحاول كل متسابق من كل فريق أن ينقل الماء من السطل المملوء إلى السطل الفارغ خلال 3 دقائق مثلا والتقييم يكون لصاحب أكبر كمية..

القلم والقارورة:

نحضر قارورتين ماء (الصغيرة) وقلمين ثم تربط كل واحد منهما بخيط ثم يمسك كل متسابق الخيط بفمه والفائز من يدخل القلم في القارورة أولاً.

تركيب الشكل:

يقوم برسم وجه إنسان ونقوم بقص أجزاء منه كالعينان أو الأنف أو الإذنان.... وتحتاج

المسابقة إلى شخصان طبعا لكل واحد وجه ونقوم بغلق عيناهما بقطعة قماش ولكل فريق أن يرشد متسابقة في التركيب وعلى المتسابق تمييز صوت أصحابه من متنافسيه .

من يجمع أكثر ؟

الأدوات:قطع ورقية دائرية مكتوب عليها أرقام مثلاً: 100.500,5000 وهكذا ، تنثر القطع على الأرض بشكل متباعد نسبياً ،وتغمض عيون كل المتسابقين - وتحدد فترة للمسابقة ، ثم يبدأ السباق ويقوم كل متسابق بجمع أكبر عدد من القطع الورقية وعندما ينتهي الوقت ،يقف كل لا عب عن الجمع ،ثم يقوم المعد بتسجيل مقدار ما جمع كل لاعب ويعين ذلك بجمع الأرقام الموجودة داخل القطع ، مثلاً 5+100+5+500=610 وهكذا لكل لاعب..والذي يكون مقدار ما حصّل أكثر هو الفائز.

السير خطوة خطوة:

يوضع عند خط البداية سلة كرات وسلة فارغة عند خط النهاية على بعد 20 متر منه ويعطى كل لاعب صندوقين من الورق المقوى مربعة الشكل بحيث يحمل الأول ويضع الثاني ثم يقفز إلى ثم يجلس ويضع الثاني ثم يقف ويقفز إليه ثم يلتفت ثم يجلس ثم يدخل ثم يأخذ الصندوق الأول ثم يقف ثم يلتفت ثم يجلس ثم يضعها على الأرض ثم يقفز إليه وهكذا ويشترط تتابع هذه الحركات وهي الصعوبة في اللعبة. وفي هذه الأثناء عليه المحافظة على نقل أكبر عدد من الكرات من خط البداية حتى النهاية في الوقت المحدد للعبة.

بناء الهرم..

يوضع صندوق يحوي العلب الفارغة وبجانبه أحد اللاعبين الذي يأخذها ويرميها إلى اللاعب الذي يليه على مسافة (5) خطوات ثم يناولها هذا إلى الذي يليه وهكذا حتى تصل إلى الأخير والذي يحاول بناء الهرم من هذه العلب والفريق الفائز هو الذي يستطيع بناء الهرم قبل الآخرين.

تسلسل الكرات:

يصطف كل فريق على شكل طابور كل طابور يصطف بحيث أن كل شخص ينظر إلى ظهر زميلة وآخر شخص يكون عنده سلة يضع فيها الكور وكذلك أول شخص أمامه سلة مليئة بالكور بحيث يأخذ كرة واحدة ويرميها إلى الخلف فيستلمها الذي بعده ثم يرميها إلى الذي خلفه فيستلمها وهكذا حتى تصل إلى الشخص الذي عنده السلة فيضعها في السلة. وشروط اللعبة هي أن تكون الكرة تسير بالتسلسل وأن لا يلتفت أي لا عب إلى زميله وتؤخذ المسافات بين اللاعبين بعين الاعتبار (متر مثلا حسب نسبة اللاعبين)والفريق الفائز الذي يوصل أكبر عدد من الكور بعد نهاية الوقت.

حماية الهرم..

ترسم دائرة كبيرة وفي منتصفها هرم من العلب يقف بجانبه لاعب يدافع عن الهرم من ضربات الفريق خارج الدائرة، ويحاول الفريق إسقاط الهرم خلال زمن معين.

نقل الكرات بالمصاصات..

توضع كمية من الكرات الفلينية الصغيرة بعدة أحجام في سلة في وسط الطاولة ، يحمل كل متسابق ماصة بلاستيكية ويوضع أمامه طبق بلاستيكي. عند انطلاق صافرة البدء يقوم كل متسابق بنقل الكرات من السلة للطبق الخاص به باستخدام سحب الهواء بالماصة البلاستيكية.

يمنع استخدام الأيدي أثناء النشاط وفي نهاية الوقت المحدد يتم عد الكرات التي جمعها كل متسابق ويتم حسب النقاط بقدر عدد الكرات التي وصلت للطبق الخاص به ويراعى تخصيص نقطة للكرة الصغيرة-2 للكرة الوسط و3 للكرة الكبيرة الحجم.

5- الذكاء الإيقاعي: Musical intelligence

ما من موهبة من بين كل المواهب التي منحت للإنسان انبثقت أبكر من الموهبة الموسيقية. وعلى الرغم من أن التأمل في هذه المسألة شائعا فإن السبب وراء ظهور هذه الموهبة بهذا التبكير والطبيعة التي يمكن أن تكون عليها الموهبة ما زالتا محفوفتين بعدم اليقين.

يمكن التوصل إلى شعور ما بمدى المواهب الموسيقية المكبرة ومصادرها بحضور عرض موسيقي (متخيل) لثلاثة أطفال ما قبل المدرسة ويعزفون مقطوعات متنوعة لباخ والثاني يعزف لمقطوعة من أعمال ولفجانج والأخير يعزف مقطوعة ألفها بنفسه.

هل وصلوا جميعا للمستويات الرفيعة من الموهبة الغضة عبر الطرق ذاتها ؟ والجواب ببساطة: لا، ليس بالضرورة.

لا يوجد اختلاف كبير نسبيا حول العناصر المكونة للموسيقا على الرغم من أن الخبراء يختلفون حول التعريف الدقيق لكل جانب.

أكثر هذه العناصر مركزية هي طبقة الصوت (أو اللحن) والإيقاع: وهي أصوات تطلق بترددات سمعية معينة وتجمع وفقا لنظام محدد.

وطبقة الصوت أكثر مركزية في مجتمعات خصوصا الشرقية التي تستخدم فواصل مكونة من نغم صغير.

إن جزءا من تنظيم الموسيقى أفقي كالعلاقات بين طبقات الصوت، وجزء منه عمودي كالآثار الحادثة عندما يطلق صوت أو صوتان أو أكثر في الوقت ذاته فيصنعان صوتا متناغما أو نشازا. ويلي طبقة الصوت في الأهمية والإيقاع الخصائص المميزة للنغم.

تثير هذه العناصر المركزية عن سؤال: ما هو دور السمع في تعريف الموسيقى ؟

ليس هناك جدال في أن حاسة السمع أساسية لكل مشاركة موسيقية.

يصوغ آرنولد شوينبرغ المسألة على النحو التالي:

"الموسيقى تعاقب للأنغام وتركيبات النغم على نحو منظم بحيث يترك أثرا مستحسنا على الأذن، كما أن أثره في الذكاء مفهوم.. وتمتلك هذه الانطباعات القدرة على التأثير على الجوانب الخفية من عوالمنا العاطفية، وهذا التأثير يجعلنا نعيش في أرض أحلام".

القدرات الموسيقية متموضعة في الشق الأيمن من الدماغ حسبت ما تبين في معظم الاختبارات الاستماع الثنائي حيث كان المختبرون أكثر قدرة على معالجة الكلمات التي سمعوها بأذنهم اليمنى (الشق الأيسر من الدماغ) في حين أنهم أكثر نجاحا في معالجة الأنغام الموسيقية عندما يسمعونها من خلال الشق الأيمن من الدماغ.

ولخصوصية الموسيقى فالعمليات التي تكمن وراء الموسيقى واللغة مختلفة عن بعضها البعض، ولخصت ديانا دويتش أحد الأدلة على الانفصال وأظهرت أن الآليات التي تدرك بها طبقة الصوت وتختزن تختلف عن الآليات التي تعالج بها الأصوات الأخرى (خصوصا أصوات اللغة) وجاءت الدلائل مقنعة من دراسات أعطي فيها أفراد مجموعة من الأنغام كي يتذكروها فيما بعد، ثم قدمت لهم مواد متداخلة متنوعة.

وتشير الوقائع إلى ما يلي: بينما تتموضع القدرات اللغوية في الشق الأيسر من الدماغ للأفراد الذين يستخدمون اليد اليمنى فإن غالبية القدرات الموسيقية تتمركز عندهم في الشق الأيمن.

ترتبط حركة الجسم عند الأطفال مع الموسيقى على نحو طبيعي ويجدون أنه من المستحيل عمليا الغناء دون الانخراط في نشاط جسمي مصاحب وذلك لأن للموسيقى بعض التشابهات مع الأجهزة الحسية الأخرى، وهناك صلة يقر بها الجميع بين الأداء الموسيقي ومشاعر الناس والمشاعر تحتل دورا مركزيا في الذكاءات الشخصية فيمكن أن تفيد الموسيقى كطريقة لتحريك المشاعر ومعرفة صورها.

والموسيقي يمتلك بعض عناصر الرياضيات إذا كان له أن يدرك عمل الإيقاعات في العمل الموسيقى وتتطلب الأداءات الموسيقية حساسية للانتظام والنسب التي يمكن أن تكون معقدة في بعض الأحيان، إلا أن هذا يبقى تفكيرا رياضيا على أساس نسبي فقط.

ومن الواضح أنه لا توجد مشكلة في العثور على روابط سطحية على الأقل بين جوانب من الموسيقى وخصائص من الأنظمة العقلية الأخرى، والموسيقى بوصفها شكلا جماليا تفتح ذراعيها على اتساعها خصوصا لاستكشاف اللاعب للأنماط الأخرى من الذكاء خصوصا إذا كان من يقوم بهذا أيادي (و أذان) أشخاص مبدعين.

يظهر هذا الذكاء في الاهتمام باللحن والإيقاع والنغمات ومظهر هذا الذكاء (النغمة) تتطور بسرعة منذ وقت مبكر. نجد هذا الذكاء عند المتعلمين الذين يستطيعون تذكر الألحان والتعرف على المقامات والإيقاعات، وهذا النوع من المتعلمين يحبون الاستماع إلى الموسيقى، وعندهم إحساس كبير للأصوات المحيطة بهم.

الشيخ عبدالباسط

المهنة: عازف - مهندس صوت - مطرب (منشد)

خصائص الفرد الذي يتسم بالذكاء الإيقاعي :

مشاري العفاسي

- تذكر ألحان الأناشيد، وتغن القراء.
- امتلاك صوت جيد للغناء.
- يميز بين الألحان والأصوات عند سماعها (الأصوات الجيدة وغير الجيدة).
- لديه إيقاعية متناغمة في الكلام أو الحركة.
- يدندن أو يهمهم دائماً.

فيروز

محمد عبدالوهاب

- ينقر إيقاعيا على المنضدة أثناء العمل.
- الحساسية للأصوات في البيئة من حوله (سقوط المطر على زجاج النافذة).
- تأليف الأغنيات والأناشيد.

تنمية الذكاء الإيقاعي:

1- محاولة تقليد الأصوات الجميلة في الترتيل والإنشاد.

2- تغيير لحن الأناشيد.

3- الإنصات لأصوات الطبيعة من حولك.

4- تقليد الأصوات لبعض المخلوقات والصفير....

5- استخدام الألعاب الإيقاعية

6- استخدام التصفيق باليد، والدق بالقدم،

استراتيجيات التدريس الملائمة للذكاء الإيقاعي

م	الاستراتيجيات	مفهوم الاستراتيجية
1	الإيقاع Chants	وضع أجزاء من المحتوى في إطار إيقاعي يسهل ترديده، أو صياغة إيقاعية يمكن التعبير عنها بالنقر والأناشيد.
2	جمع الأسطوانات وتصنيفها Discographies	تعتمد الاستراتيجية: على تسجيل عبارات موسيقية تجمع النقاط الأساسية أو الفكرة الرئيسة من الدرس، وتجمع على أشرطة وأسطوانات مدمجة توضح المحتوى.
3	تنشيط الذاكرة بالإيقاع Super Memory Music	تذكر المعلومات من خلال وجود خلفية إيقاعية.
4	المفاهيم الإيقاعية Musical Concepts	استخدام النغمات الموسيقية كأدوات فعالة للتعبير عن مفاهيم وأنماط ومصطلحات معينة في المادة التعليمية، أو استخدام الإيقاعات للتعبير عن أفكار معينة.
5	الإيقاعات المزاجية Musical Mode	استخدام التأثيرات الإيقاعية التي توفر جوّاً معيناً في الدرس، مثل: استخدام أصوات طبيعية، أو صوت البحر..

أفكار لتنمية الذكاء الإيقاعي:

إيقاع التصفيق

- بالاتفاق مع مجموعة من الأصدقاء قفوا على شكل حلقة.
- يختار كل شخص صوت لتصفيق بطريقة معينة مختلفة.
- يتم اختيار أنشودة ذات إيقاع محدد.
- يقوم الجميع بإنشاد النشيدة مع استخدام الإيقاع الصوتي
- لتصفيق كل فرد من المجموعة حسب تناسب الإيقاع.

إيقاع دوت. كوم:

- قم بإحضار مجموعة من الأكواب الزجاجية المختلفة الشكل والحجم.

- أحضر بعض الملاعق والشوك المعدنية.

- وزع على كل شخص في المجموعة كوب وملعقة أو شوكة.

- يتم اختيار أنشودة معينة باتفاق المجموعة.

- يتم استخدام الأصوات الصادرة عن قرع الأكواب بطرق مختلفة وإيقاعات متنوعة بما يتناسب مع النشيد.

- لضمان نجاح الفكرة لا بد من الانسجام في عرض الإيقاع.

لحني غير:

قم بتغيير لحن أنشودة: طلع البدر علينا بلحن خاص بك.

لحني الخاص:

قم بوضع لحن خاص لهذه الأبيات:

يا راحلاً وفؤادي في حقيبته

وهناً لديه لكن غير مضمون

تركتني في شجوني للورى مثلاً

يميتني الوجد والأشواق تحييني

6- الذكاء الاجتماعي-(البينشخصي) (Interpersonal Intelligence)

يتوجه إلى الخارج إلى الأفراد الآخرين، والقدرة المركزية هنا: القدرة على ملاحظة التمييزات بين الأشخاص والقيام بها، خصوصا بين أمزجتهم وطبائعهم ودوافعهم ومقاصدهم. وهو في أكثر صوره بدائية يتضمن قدرة الطفل الصغير على التمييز بين الأفراد من حوله وتحديد أمزجتهم المتنوعة، وفي صورتها المتقدمة فإن المعرفة بين الشخصية تتيح لراشد حاذق قراءة مقاصد الناس ورغباتهم حتى لو كانت خافية عن أفراد آخرين كثيرين، ثم امتلاك القدرة على التصرف وفقا لهذه المعرفة كالتأثير على مجموعة من الأفراد المتباينين كي يسلكوا وفق اتجاهات مرغوبة.

ونرى صورا من الذكاء الاجتماعي (بين شخصي) لدى قادة سياسيين ودينيين، كما نراها لدى آباء ومعلمين حاذقين، وأشخاص منخرطين في مهن المساعدة، سواء أكانوا معالجين أو مرشدين نفسيين.

يواجه المرء تنوعا هائلا من أشكال الذكاء الذاتي والاجتماعي أكثر مما يجد في المجالات الأخرى، فلكل ثقافة نظمها الرمزية الخاصة، ووسائلها الخاصة لتفسير الخبرات، فالمواد الخام للذكاءات الشخصية سرعان ما تنتظم في نظم من المعاني التي يمكن أن تكون متمايزة للغاية بعضها عن بعض، وتبعا لهذا يمكن تحديد أشكال الذكاء المكاني أو الجسمي الحركي ومقارنتها عبر ثقافات مختلفة، فإن تنوعات الذكاء الشخصي تثبت تمايزا أكبر وقابلية للمقارنة أقل وربما تبقى مجهولة لشخص آت من مجتمع غريب.

تنشأ أشكال متنوعة من الذكاء بوضوح أول ما تنشأ من الرابطة بين الرضيع وأمه (أو من يرعاه) ويأخذ بتشكيل رابطة قوية من أمه بانجذاب قوي مماثل تشعر به الأم تجاه وليدها.

ويستطيع الرضيع أن يمايز تعبيرات وجوه الآخرين وتقليدها، ويميز بين والديه والغرباء، والتعبيرات السعيدة أو الغاضبة.

يأخذ الطفل بالاستجابة على ما يدركونه على وجههم كحمرة الوجه عند الخجل فيسارع الطفل بوضع يديه على وجهه.

يستخدم الطفل رموزا للإشارة عن نفسه (أنا)، وللآخرين (أنت)،؛ (لي) (لك).

في مجتمع المدرسة يكون التمايز إلى حد لا بأس به فقد توصل الطفل إلى معرفة اجتماعية ذات مستوى أولي، كما توصل إلى عدد من الأدوار المختلفة التي تبناها أفراد آخرون، وفهم واضح ومتزايد بأنه فرد متميز له حاجاته ورغباته ومشروعاته وأهدافه الخاصة.

خلال فترة الطفولة المتوسطة تكون توجهاته الاجتماعية أكبر، فهو يحس بدوافع الآخر، وإحساس أكثر اكتمالا بكفايات الفرد ومواطن قصوره، ويغدو أكثر انخراطا في الصداقات والمحافظة عليها وتوطيد مكانته في شبكة أصدقائه.

ويبذل الطفل جهدا كبيرا في التفكير حول المجال الاجتماعي بجانب اهتمامه على المجال الذاتي.

يدرك الطفل في فترة المراهقة حاجة المجتمع لقوانين، ومفهوم العدالة، يصوغ خلالها مشاعره ودوافعه ورغباته الشخصية بفاعلية بالسياق الاجتماعي الذي يعيش فيه.

ويبدأ بمقاومة الضغوط التي تمر عليه خلال فترات الحياة.

تطور المعرفة الشخصية طبيعي نسبي تدفع فيه ميولنا المتأصلة للقيام بتمييزات بين مشاعرنا الخاصة أو لإرهاف إدراكاتنا للآخرين.

يمكن أن يحدث تطور المعرفة بدون تعليم صريح، لكن هناك حالات فيها مزيد كبير من التعليم الصريح ضروريا ومستحسنا وهو مطلب ملح في المجتمع.

يظهر الذكاء الاجتماعي هذا الذكاء في القدرة على الإحساس بالآخرين وإقامة علاقات سليمة معهم ومظهره (العلاقة مع الآخر) وتبرز بقوة في سن الثالثة وتستمر.

إن المتعلّمين الذين لهم هذا الذكاء يجدون ضالتهم في العمل الجماعي، ولهم القدرة على لعب دور الزعامة والتنظيم والتواصل والوساطة والمفاوضات.

المهنة: قائد - طبيب - مرشد

خصائص الفرد الذي يتسم بالذكاء الاجتماعي :

يستمتع بصحبة الناس أكثر من الانفراد.

- يبدو قائدًا للمجموعة.

- يعطي نصائح للأصدقاء الذين لديهم مشكلات.

- يحب الانتماء للنوادي والتجمعات أو أي مجموعات منظمة.

جورج قرداحي

- يبدي تعاطفًا واهتمامًا بالآخرين.

- الآخرون يبحثون عن تعاطفه أو اهتمامه وصحبته. ومشورته وطلب نصحه.

- يفضل الألعاب والأنشطة والرياضات الجماعية.

- يسعى للتفكير في مشكلة ما بصحبة الآخرين أفضل مما يكون بمفرده.

عمرو خالد

- يبدو جذابًا مشهورًا له شعبية ويمكنه عمل مناخ جيد أثناء وجوده.

- يحب المناقشات الجماعية والاطلاع على وجهات نظر الآخرين وأفكارهم.

- يمكنه التعرف على مشاعر الآخرين، وتسميتها والانتباه لتغير الحالات المزاجية للآخرين.

- يحب الحصول على آراء الآخرين ويضعها في اعتباره.

135

- لا يخشى مواجهة الآخرين.
- يمكنه التفاوض.
- يمكنه التأثير في الآخرين.
- يمكنه تحفيز الآخرين ليقوموا بأفضل ما لديهم.

استراتيجيات التدريس الملائمة للذكاء الاجتماعي

م	الاستراتيجيات	مفهوم الاستراتيجية
1	مشاركة الأقران Peer Sharing	التعاون والانتماء والتواصل والتقارب بين المتعلمين من خلال تبادل الخبرات.
2	تماثيل الناس People Sculptures	تركز الاستراتيجية: على الانتقال من الإطار التقليدي في التعليم إلى إطار أكثر اجتماعية من خلال الجسم البشري من خلال تمثيل الأدوار.
3	المجموعات التعاونية Cooperative Groups	توزيع المتعلمين إلى مجموعات صغيرة تعمل من أجل تحقيق أهداف مشتركة قائمة على أساس المشاركة الفعالة والنشطة للمتعلمين في عملية التعلم.
4	ألعاب الرقع Board Games	وضع أجزاء من المقرر الدراسي بشكل لعبة مصنوعة من الورق لتحقيق أهداف الدرس ضمن سياق اجتماعي غير رسمي.
5	المحاكاة Simulations	التعايش وصنع بيئة شبيهة بالبيئة المستهدفة لاستخدامها في المواد الدراسية.

تنمية الذكاء الاجتماعي:

1- الألعاب القائمة على التفاعل، والفرق، الألعاب الجماعية

2- التدريس للزملاء.

3- مجموعات العمل،

4- التعاون، والتعاطف

5- التعليم التعاوني

6- المشروعات الجماعية،

7- الأنشطة الاجتماعية والمشاركة.

تأمل الصورة التالية ماذا ترى فيها ؟

هل لاحظت ما كتب فيه كلمتي: YOU / ME

أنشطة متنوعة لتنمية الذكاء الاجتماعي:

قطار البالونات:

يتم توزيع محموعة من البالونات على عدد المحموعة، عدا اللاعب الأول. يلامس كل لاعب البلون بصدره دون لمسه باليد ويتصل من خلاله باللاعب الذي أمامه. عند إعلان صفارة البدء يتحرك الفريق كاملاً من خط البداية تجاه خط النهاية بالتنافس مع الفريق الثاني ، والفائز من يصل أولاً دون سقوط أي بالون لأعضاء فريقه ، وهنا يظهر الذكاء الاجتماعي لدى أفراد كل فريق.

القارب البري:

يعطى كل فريق الزلاجة الخشبية ويتم الاتفاق على أسلوب معين للمشي معاً دون سقوط أحد من أفراد الفريق ، وعند إعلان صفارة البدء يتعاون الفريق معا للوصول لخط النهاية دون سقوط أي فرد. الفريق الذي يصل أولاً يكون لدى أفراده الذكاء الاجتماعي الذي ساعده على الفوز والوصول لخط النهاية.

الممر المتنقل:

يعطى كل فريق مكون من ثلاث أشخاص ثلاث ممرات للكرة كما في الشكل وكرة بلون مميز عن الفريق الآخر وإناء لوضع الكرة عند خط النهاية.

الحلقة الأقرب

في كل حلقة من الحلقات دون أسماء الأشخاص المقربين لك حسب مكانتهم

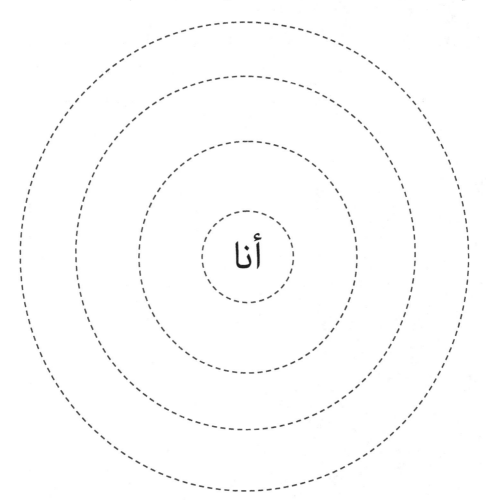

من الذي ساعدني:

حدد أحد المشاريع الناجحة التي نفذتها في حياتك

دون أسماء كل شخص قدم لك مساعدة لنجاح هذا المشروع (لا تنسى أقل مساعدة)

المشروع:

الأشخاص الذين ساعدوني لإنجاح المشروع:

1- ....

2- ....

3- ....

4- ....

5- ....

6- ....

7- ....

8- ....

9- ....

10- ....

سلسلة المتعلمين:

- قم بقراءة معلومة مفيدة وقيمة وممتعة من أحد الكتب أو المواقع الالكترونية

- احمل ورقة بيدك وارسم سلسلة مكونة من عدد كبير من الحلقات

- قم بتبليغ أكبر عدد من الأشخاص هذه المعلومة واطلب من كل شخص بلغته الملومة أن يوقع لك في أحد حلقات السلسلة.

- اطلب من كل شخص أن يعد نموذج مماثل للسلسلة التي لديك ويقوم بتبليغ نفس المعلومة لأكبر عدد من الأشخاص.

- في نهاية الأسبوع يعرض الأشخاص نماذجهم ويتبادلوا التحيات.

Happy face

- قم بشراء عدد من النياشين التي تحمل صورة وجه مبتسم

- راقب الأشخاص من حولك كل يوم وانظر أيهم أدخل على قلبك السرور بأي تصرف.

- امنح هذا الشخص نيشان الوجه الباسم.

- اطلب من هذا الشخص أن يبحث عن شخص يمنحه هذا الوجه الباسم.

- من المصادفات السعيدة قد يرجع لك الوجه الباسم مرة أخرى!!!!

بطاقة "أنا ممتن لك":

- قم بإعداد لوحة في مكان عملك تحت عنوان "أنا ممتن لك"

- احرص كل صباح على تدوين مواقف مرت بك لشخص ساندك في أحد الأمور.

- قم بحث الزملاء بالكتابة في هذه اللوحة كل صباح.

- احرص على تذكر ابسط المساعدات المقدمة لك.

- ركز على المساعدات المقدمة لك داخل العمل.

- راقب الاهتمام والحرص من قبل الغالبية للاطلاع على اللوحة منذ الصباح.

- قد تفاجأ بمن يكتب لك امتناناً على هذه الفكرة.

صندوق المشاعر:

- احضر صندوقاً ملوناً وضع عليه عبارة صندوق المشاعر.

- قم بتدوين مشاعرك اليوم في بطاقة مقواة وسجل اسمك في الخلف

- اطلب من الأشخاص حولك تدوين مشاعرهم ووضعها في الصندوق

- اطلب من الجميع سحب بطاقة لشخص معين وحاول التعرف عليه دون الاطلاع على الاسم في الخلف.

- قدم له الدعم المناسب حسب شعوره.

- تبادل البطاقات مع الآخرين وحاول إشاعة التفاؤل والإيجابية.

الصادر والوارد:

- قم بإعداد صندوقين صغيرين وضع على أحدهما بطاقة صادر والآخر وارد.

- اطلب من الأشخاص حولك إعداد صناديق مشابهة.

- في صندوق الصادر ضع بطاقات شكر أو مشاعر أو طلب فارغة دون أسماء.

- تحرى خلال اليوم وجود أي مستجدات كأن يكون لديك طلب من أحد الأشخاص أو شكر على فعل معين أو مشاعر تكنها له وعبر عن ذلك ببطاقة.

- ضع هذه البطاقة في صندوق الوارد الخاص بهذا الشخص.

- راقب صندوق الوارد الخاص بك لتتابع الجديد فيه.

بعد فترة ستجد تفاعل الأشخاص وحرصهم على تفعيل صندوق الوارد والصادر فأفكار جديدة...

قصص مصورة:

- اطلب من كل شخص معك إحضار صورة من اختياره.
- قوموا بوضع الصور في المنتصف.
- يتأمل الجميع الصور لإيجاد روابط بينها.
- قوموا بعمل عصف ذهني لأفكار يمكن دمج هذا الصور معاً.
- دونوا الأفكار التي تشكل أغلبية الاتفاق بين المجموعة.
- قوموا بتأليف قصة من هذه الأفكار.
- أطلقوا عليها اسم مكون من تركيب الحرف الأول لكل شخص منكم.

7- الذكاء الذاتي الداخلي (الضمنشخصي) Interpersonal intelligence

توجه المرء إلى حياته الشعورية الخاصة ساحة مشاعره أو انفعالاته أي: القدرة على التمييز المباشر بين هذه المشاعر ثم تسميتها واحتبالها في شبكة علامات رمزية والاستناد إليها كوسائط لفهم السلوك وتوجيهه. وقد لا يزيد الذكاء الذاتي (الجواني) في أكثر أشكاله البدائية إلا قليلا عن القدرة على التمييز بين الشعور بالمتعة أو الألم على نحو يجعل المرء قادرا على أساس هذا التمييز على الانغماس أكثر في الموقف أو الانسحاب منه. أما في أكثر أشكاله تقدما فإن الذكاء الذاتي (الجواني) يتيح للمرء تحديد مجموعات معقدة ومتمايزة للغاية من المشاعر وترميزها.

يظهر في القدرة على فهم الإنسان لمشاعره الداخلية، والقدرة على ضبطها والتحكم بها ومظهره (فهم الذات) معرفة الذات، والقدرة على التصرف المتوائم مع الذات، ويتضمن هذا النوع من الذكاء صورة دقيقة عن النفس (جوانب الضعف والقوة)، والوعي بالحالة المزاجية وطرق تغيرها، وفهم واحترام الذات.

إن المتعلمين الذين يتفوقون في هذا الذكاء يتمتعون بإحساس قوي بالأنا، ولهم ثقة كبيرة بالنفس، ويحبذون العمل منفردين، ولهم إحساسات قوية بقدراتهم الذاتية ومهارتهم الشخصية، المهنة: فيلسوف - عالم نفس - طبيب.

غاندي

خصائص الفرد الذي يتسم بالذكاء الذاتي :

- يظهر تميزا في الأعمال الفردية.
- يبدو عليه الثقة في النفس والإرادة القوية.
- لديه إدراك واعي وواقعي بنقاط قوته وضعفه.
- لديه بعض الاهتمامات والهوايات التي لا يتحدث عنها كثيرا.
- يحدد أهدافه بدقة وحاجاته الشخصية ويسعى لتحقيقها.
- يفضل العمل لوحده عن العمل مع الآخرين.
- يعبر بدقة ووضوح.
- لديه القدرة للتعلم من فشله.
- استقلالي في إدارة أعماله.
- يتذكر المواقف التي له فيها شأن.
- ينظم حاجياته بنفسه دون مساعدة.
- يميل إلى الألعاب التي تتطلب تركيزاً ذهنيا أكثر.

أبو العلاء المعري

تنمية الذكاء الذاتي:

1- إعداد ملف لأهم الأحداث والذكريات الخاصة.

2- ألبومك الخاص يتضمن صور شخصية متفرقة

3- حدد صفاتك، نقاط قوتك وضعفك، إنجازاتك...

استراتيجيات التدريس الملائمة للذكاء الذاتي

م	الاستراتيجيات	مفهوم الاستراتيجية
1	فترات تأمل الدقيقة الواحدة One-Minute Reflection	تركز هذه الاستراتيجية على التأمل والتفكير الدقيق بهدف فهم المعلومات التي عرضت وربطها بأحداث الحياة.
2	الروابط الشخصية Personal Connections	ربط ما يدرسه المتعلمون بحياتهم الشخصية.
3	وقت الاختيار Choice Time	إتاحة الفرصة للطلاب لصنع قرارات حول تجاربهم التعلمية .
4	اللحظات الانفعالية Feeling Toned Moments	وتشير هذه الاستراتيجية إلى أن المعلمين مسئولون عـن خلـق لحظات في العمل التعليمـي يمـارس فيهـا الطـلاب الضحك أو الغضب، أو يعبرون عن آراء قوية، ويتم ذلك عن طريق نمذجة الانفعـالات، أو تجعـل المتعلمـين يشـعرون بالأمـان في حجـرة الصف.
5	جلسات وضع الأهداف Goal Setting Sessions	تدريب المتعلمين على وضع أهداف لأنفسهم أثناء التعلم حتى يكون التعلم أبقى أثراً .

ابحث عن موقعك بالنسبة لهذه الشجرة أي الأشخاص تمثل في هذه الصورة التي أمامك

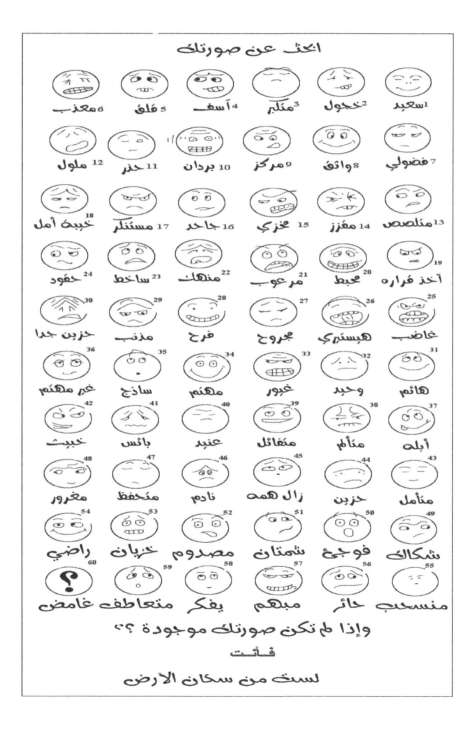

ابحث عن صورتك
1 سعيد
2 خجول
3 متكبر
4 آسف
5 قلق
6 معذب
7 فضولي
8 واثق
9 مركز
10 بردان
11 حذر
12 ملول
13 متلصص
14 مقزز
15 مخزي
16 جاحد
17 مستنكر
18 خيبة أمل
19 آخذ قراره
20 محبط
21 مرعوب
22 منهك
23 ساخط
24 حقود
25 غاضب
26 هيستيري
27 مجروح
28 فرح
29 مذنب
30 حزين جدا
31 هائم
32 وحيد
33 غيور
34 مهتم
35 ساذج
36 غير مهتم
37 أبله
38 متألم
39 متفائل
40 عنيد
41 بائس
42 خبيث
43 متأمل
44 حزين
45 زال همه
46 نادم
47 متحفظ
48 مغرور
49 شكاك
50 فوجئ
51 شمتان
52 مصدوم
53 خزيان
54 راضي
55 منسحب
56 حائر
57 مبهم
58 يفكر
59 متعاطف
60 غامض
وإذا لم تكن صورتك موجودة ؟؟
فأنت
لست من سكان الأرض

حدد على خط حياتك أهم الأحداث منذ ولادتك وحتى الآن

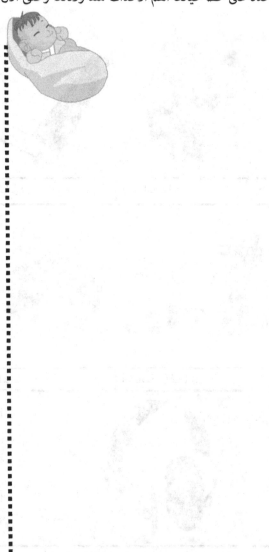

الآن

قائمتي المفضلة

الحلى المفضل:	كتابي المفضل:	لوني المفضل:

المادة المفضلة:	الأفلام المفضلة:	الرياضة المفضلة:

البرنامج المفضل:	المنشد المفضل:

رحلة في داخلي

دون في كل نقطة من النقاط التالية ما يتعلق بشخصك

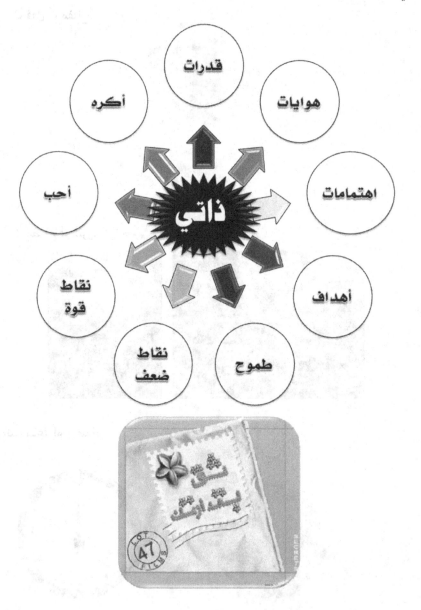

لعبة أيهما أنت:

تأمل كل صورتين وحدد أي الصورتين أقرب إلى نفسك ولماذا تنظر لنفسك هكذا؟

هل أنت قفل أم مفتاح:

هل أنت مصباح أم ليزر:

هل أنت ساعة أم بوصلة:

اختبر ثقتك بنفسك

تعليمات الاختبار :

أقرا مفردات الاختبار بشكل جيد ثم اجب عن الأسئلة بـ (دائما ـ أحيانا ـ أبدا) بما تجده مناسبا لك، وضع ثلاث درجات (3) لكل سؤال تجيب عليه بـ (دائما)، ودرجتين (2) لكل سؤال نجيب عليه بـ (أحيانا)، ودرجة واحدة لكل سؤال تجيب عليه بـ (أبدا).

أبدا	أحيانا	دائما	الفقرات
☐	☐	☐	1- أميل إلى الاتزان في سلوكي.
☐	☐	☐	2- أحاول تحديد أهدافي.
☐	☐	☐	3- أنسق وانظم أعمالي.
☐	☐	☐	4- لي القدرة على مقاومة المشاكل التي تعرضني.
☐	☐	☐	5- لي القدرة على التغلب على المواقف الصعبة التي أتعرض لها.
☐	☐	☐	6- أحاول أن أستفيد من خبرات الآخرين.
☐	☐	☐	7- أنظم الخبرات الجديدة وأشكلها وأجعلها تنسجم مع مفهومي عن ذاتي.
☐	☐	☐	8- لي القدرة على المحافظة على ثبات وتماسك مفهوم الذات لدي.
☐	☐	☐	9- يعتمد إدراكي لنفسي على المنطق.
☐	☐	☐	10- لي القدرة على تقيم نفسي.
☐	☐	☐	11- احمل معتقدات إيجابية حول نفسي.
☐	☐	☐	12- لي محاولات دائبة لرفع شأني.
☐	☐	☐	13- لدي مهارة الدفاع عن الذات.
☐	☐	☐	14- لي القدرة على التوافق مع البيئة الاجتماعية التي أعيش فيها.
☐	☐	☐	15- لدي مهارة التنسيق مع البيئة التي أتعامل معها بحيث اجعلها تتفق مع مطالب المجتمع.

❑	❑	❑	16- لا أتخوف من مجابهة المواقف الاجتماعية أيا كان نوعها.
❑	❑	❑	17- أندفع إلى الانضمام إلى الجماعات من مختلف الأعمار والأجناس.
❑	❑	❑	18- أسعى إلى تطوير ثقتي بنفسي.
❑	❑	❑	19- لا أشكو من مظاهر تتعلق بنموي الجسمي والاجتماعي.
❑	❑	❑	20- أشعر بالأمن والاطمئنان.
❑	❑	❑	21- لا أشكو من نقص في إشباع حاجاتي البيولوجية والنفسية.
❑	❑	❑	22- لدي القدرة على ضبط انفعالاتي.
❑	❑	❑	23- لا أخاف من المجهول.
❑	❑	❑	24- يمكنني أن أتخلص من التوتر والقلق بطرق وأساليب منطقية.
❑	❑	❑	25- لي القدرة على اكتساب الخبرات المتنوعة والمختلفة والاستفادة منها.
❑	❑	❑	26- أحمل اتجاهات إيجابية نحو البيئة الاجتماعية التي أتعامل معها.
❑	❑	❑	22- لا أتردد في التعبير عما يدور بخلدي.
❑	❑	❑	28- أمارس نشاطي الحركي والفكري بشكل مستقل.
❑	❑	❑	29- لي القدرة على توضيح أفكاري للآخرين.
❑	❑	❑	30- أتقبل الانتقاد بصدر رحب.
❑	❑	❑	31- أعترف بخطئي بثقة عالية وبدون تطرف.
❑	❑	❑	32- لا أدع الغرور يسيطر علي.
❑	❑	❑	33- لا يخدعني تملق الآخرين لي.
❑	❑	❑	34- لي القدرة على قيادة الآخرين.
❑	❑	❑	35- أتحمل المسئولية بالرغم من صعوبتها.
❑	❑	❑	36- أتميز بالاستقلالية.
❑	❑	❑	37- أكره الاتكالية.

☐	☐	☐	38- لي القدرة الفائقة على تطوير إمكانياتي ومهاراتي.
☐	☐	☐	39- أضع أمامي طموحات منطقية وأسعى لتطبيقها.
☐	☐	☐	40- لا أتردد في اتخاذ القرار ولا أتراجع عنه.
☐	☐	☐	41- لا أبالغ في حب الظهور أمام الآخرين.
☐	☐	☐	42- جلب الانتباه لدي قليلا.
☐	☐	☐	43- عامل الغيرة لدي ضعيف.
☐	☐	☐	44- أنا قليل الشكوى.
☐	☐	☐	45- لي القدرة على إلقاء التكلم والتحدث أمام الآخرين.
☐	☐	☐	46- لا أتلعثم عند الكلام.
☐	☐	☐	47- لي القدرة على إتمام الأعمال التي أبدأ بها.
☐	☐	☐	48- يمكن الاعتماد علي في المواقف الصعبة.
☐	☐	☐	49- أمشي رافعا رأسي وجسمي إلى الأعلى.
☐	☐	☐	50- صريح وصادق في أقوالي وأفعالي.
☐	☐	☐	51- أواجه المصائب بشجاعة ولا أنهار أمامها.

التقييم:

1- إذا كان مجموع الدرجات التي حصلت عليها بين 127- 153 فهذا يعني أن ثقتك بنفسك عالية.

2- إذا كان مجموع الدرجات التي حصلت عليها بين 102 – 125 فهذا يعني أن ثقتك بنفسك لا بأس بها.

3- إذا كان مجموع الدرجات التي حصلت عليها بين 75 – 102 فأنت تحتاج إلى تدعيم ثقتك بنفسك.

4- إذا كان مجموع الدرجات التي حصلت عليها بين 51- 75 فأنت تحتاج إلى العمل الجدي لتقوية ثقتك بنفسك وذلك بالطرق العلمية المختلفة.

اختبار مقياس النجاح لديك

يساعدك هذا الاختبار على تحديد مقياس النجاح لديك

1- هل بإمكانك أن تركز في شيء واحد تفعله   نعم ☐   لا أدري ☐   لا ☐

2- هل أنت شخص قاس   نعم ☐   لا أدري ☐   لا ☐

3- هل تحب الذهاب للقاءات الرسمية؟   نعم ☐   لا أدري ☐   لا ☐

4- هل تحب العمل الجاد؟   نعم ☐   لا أدري ☐   لا ☐

5- هل تترك انطباعا جيدا في الناس؟   نعم ☐   لا أدري ☐   لا ☐

6- هل تواظب على ممارسة رياضتك المفضلة؟   نعم ☐   لا أدري ☐   لا ☐

7- هل ترأس اللجان؟   نعم ☐   لا أدري ☐   لا ☐

8- هل تحسد الناس الناجحين؟   نعم ☐   لا أدري ☐   لا ☐

9- هل تود أن تصبح مديرا للقسم الذي تعمل فيه؟   نعم ☐   لا أدري ☐   لا ☐

10- هل تحب وظيفتك؟   نعم ☐   لا أدري ☐   لا ☐

11- هل تستيقظ في الصباح وعندك شعور بالتعب؟   نعم ☐   لا أدري ☐   لا ☐

12- هل تتحدث عن عملك عند الأصدقاء والعائلة؟   نعم ☐   لا أدري ☐   لا ☐

13- هل أنت شديد الالتزام بالروتين؟   نعم ☐   لا أدري ☐   لا ☐

14- هل ستتقاعد في العمل لو حصلت على جائزة مالية كبيرة؟   نعم ☐   لا أدري ☐   لا ☐

15- هل تحفز الآخرين أو تشجعهم على إنجاز مهامهم؟ ☐ نعم ☐ لا أدري ☐ لا

16- هل تحاول أن تترك انطباعا في الآخرين أو تؤثر فيهم؟ ☐ نعم ☐ لا أدري ☐ لا

17- هل أنت راض بأنك ستحصل على ترقية في المستقبل القريب؟

☐ نعم ☐ لا أدري ☐ لا

18- هل تخطط مسبقا للأسبوع المقبل؟ ☐ نعم ☐ لا أدري ☐ لا

19- هل من الممكن أن تغضب لو حصل زميلك في العمل على ترقية؟

☐ نعم ☐ لا أدري ☐ لا

20- هل تدخر مالا للمستقبل؟ ☐ نعم ☐ لا أدري ☐ لا

21- هل تحب خوض الامتحانات؟ ☐ نعم ☐ لا أدري ☐ لا

22- هل من الممكن أن تعمل بالخارج؟ ☐ نعم ☐ لا أدري ☐ لا

23- هل تود أن تكون نجما سينمائيا؟ ☐ نعم ☐ لا أدري ☐ لا

24- هل تحب أن تفوز في الألعاب التي تلعبها؟ ☐ نعم ☐ لا أدري ☐ لا

25- إلى وقتنا هذا ، هل تحيا حياة ناجحة؟ ☐ نعم ☐ لا أدري ☐ لا

إرشادات:

☐ نعم (3)   ☐ لا أدري (2)   ☐ لا (1)

إذا حصلت على درجة بين 36 و50 نقطة من المحتمل أنك ناجح جدا في مهنتك التي اخترتها كما أنها تعتبر في غاية الأهمية بالنسبة لك وأنت لا تخشى العمل الجاد وعندك القدرة والدافعية لصنع النجاح في أي شيء تتناوله.

ذكاء خطيييير

طوال عشرين عاماً دأب أحد المواطنين البلجيك على عبور الحدود نحو ألمانيا على دراجة هوائية بشكل يومي تقريباً .وكان يحمل على ظهره دائماً حقيبة مملوءة بالتراب - ولا شيء غير التراب .وبالطبع أثارت رحلاته شكوك رجال الحدود الألمان وكانوا على يقين من أنه "يُهرب" شيئاً ما.

وعبثاً استعانوا بخبراء التفتيش وأفضل الكلاب وأحدث الأجهزة.. ولكنهم في كل مرة لا يجدون شيئاً غير التراب.

السر الحقيقي لم يكتشف إلاّ بعد وفاة السيد ديستان حين وجدت في مذكراته الجملة التالية "حتى زوجتي لم تعلم أنني بنيت ثروتي من تهريب الدراجات إلى ألمانيا".

متحفي الشخصي

تخيل أنك قررت بناء متحف شخصي لك يضم كل ما تود عرضه للناس من معروضات تخصك .

- أعمال قمت بها في حياتك.
- منتجات صنعتها/ أفكار أبدعتها.
- صور شخصية لك./ شعارك
- أشخاص تركوا أثراً في حياتك.
- هدايا عزيزة على قلبك.
- حكمة تعتز بها.

8- الذكاء البيئي الطبيعي Naturalist intelligence

يظهر في الاهتمام بالكائنات الحية وغير الحية المحيطة بنا، والقدرة على التعامل مع البيئة باحترام ومظهره (العلاقة مع البيئة).

ويعبر الذكاء الطبيعي على قدرة الإنسان على التمييز بالمقارنة بالكائنات الحية (النباتات، الحيوانات) إضافة لخصائص العالم الطبيعي والظواهر الطبيعية (كالأحجار الطبيعية..). كما يشير أيضا إلى القدرة على تمييز الملامح الثقافية المحددة لبيئة معينة.

إن المتميزين بهذا الصنف من الذكاء تغريهم الكائنات الحية، ويحبون معرفة الشيء الكثير عنها، كما يحبون التواجد في الطبيعة وملاحظة مختلف كائناتها الحية.

المهنة: فيزيائي - حدائقي - طبيعي - جمعيات البيئة

خصائص الفرد الذي يتسم بالذكاء الطبيعي :

- يهتم بالحيوانات الأليفة.

- يستمتع بزيارة الحدائق وحدائق الحيوان، المتاحف الطبيعية، المتاحف المائية، متاحف النباتات.

- التخييم والخروج في الطبيعة من الأنشطة المحببة جداً له.

- يستمتع بالعمل في الحدائق.

فاروق الباز

- يظهر حساسية للموجودات الطبيعية.

- يستمتع بدراسة البيئة، الطبيعة، النباتات، الحيوانات.

- يهتم بالمشكلات البيئية.

- يجمع فراشات، زهورا، أوراق شجر، أحجارا، أصدافا وغيرها من الأشياء الطبيعية.

- يستمتع بتصنيف الأشياء تبعا لخصائصها المتشابهة.

- غالبا ما يقوم بتدوير المواد المختلفة وإعادة استخدامها مرة أخرى.

- يحب الأنشطة التي لها علاقة ما بالطبيعة: مشاهدة الطيور، السفر في المحميات الطبيعية، جمعيات حماية البيئة، رعاية الحيوان...

- حب قراءة كتب ومجلات، وكذلك رؤية برامج تلفزيونية حول الطبيعة.

بماذا تشعر حينما تلامس قطرات المطر وجهك ويديك؟

ماذا تتوقع أن تكون هذه الصورة؟

حبة رمل مكبرة

ماذا ترى في هذه الصورة.

راقب السماء وتأمل فيها ولاحظ أشكال الغيوم سترى العجب في الأشكال.

متى أكون مثل؟

أشعر بأنني فراشة عندما:

أشعر بأنني طائر عندما:

أشعر بأنني نجمة عندما:

أشعر بأنني وردة عندما:

أشعر بأنني جبل عندما:

أشعر بأنني غيمة عندما:

كيف ننمي هذا النوع من الذكاء؟

- امنح نفسك الفرصة للخروج للطبيعة والتفاعل مع عناصرها المختلفة: ملاحظة وردة، زهرة، طائر. أو اختبار شجرة على جانبي الطريق، جمع أنواع من الأحجار أو القواقع، وتصنيفها...

- اشتر بعض الأدوات التي تعينك على الاستكشاف مثل: مجهر، عدسة مكبرة، شريط قياس، قفازات، عبوة للسقي، سلة، أكياس لجمع العينات، ملقاط، مفكرة لتسجيل ملاحظاته...

- استكشاف التفاصيل في كل الكائنات والظواهر: الحيوانات، الطيور، الأنهار، الصحاري، البحيرات، الغابات، الأحجار، النباتات، الزهور، الورود، القواقع، نموذج الطقس، البذور، الحشرة الصغيرة.

- كوِّن مفكرة لتسجيل ملاحظاتك فيها.

- اشرح وصف التغيرات في البيئة المحيطة أو البيئة الكونية الكبيرة والتي تؤثر عليك واربط الظواهر الطبيعية بأثرها على الإنسان وطريقة حياته.

- احرص على اقتناء حيوان أليف واعتني به وراقب مراحل نموه وتكاثره.

- راقب وتأمل الظواهر الكونية من حولك وتابع بعض المشاهد مثل خروج الفراشة من شرنقتها.

- ابحث عن إجابات لأسئلة هامة: لماذا تصنع الطيور أعشاشها؟ بم تصنعها؟ هل كل الطيور لها نفس النوع من العش؟ لماذا تختلف؟ ما المتشابه في عش العصفور، والغراب.. ما المختلف، لماذا؟؟؟؟

- انتبه لما يدور حولك وسجل هذه الملاحظات: لون زهرة، أو طريقة مشي حيوان، أو نوع غذاء لكائن آخر...

- اطرح تنبؤات وتوقعات حول: حالة الجو، ما مدى سرعة نمو النبات، ما مدى الارتفاع الذي من الممكن أن ترتفعه الورقة لأعلى مع هبوب الرياح. ثم اختبر وتأكد من صحة توقعاتك أو تنبؤاتك.

- ابحث عن التشابهات والاختلافات بين الأشياء: الزهور، الحيوانات، النباتات، الأشجار، الأحجار، المسطحات المائية، الحدائق في كل العالم... وسبب التشابه والاختلاف بين الأشياء.

- تعرف على العلاقة بين السبب والنتيجة: ماذا يحدث لو سقينا النبات، وماذا يحدث لو لم نسقه، ماذا يحدث عند برودة الجو، عند ارتفاع الحرارة، كيف يؤثر تغير المناخ على الإنسان، الحيوان، النبات، ماذا يحدث لو منعنا الضوء عن النبات...؟

- اقرأ معلومات عن الطبيعة والحيوانات واجمع صورا مختلفة عنها، شاهدا برامج وأفلاما عن الطبيعة والبحار والأنهار والأرض والسماء وعالم الحيوان... واستطلع العلوم في القصص والكتب المصورة والكتب العلمية المبسطة حول: حياة الحيوانات، الفراشات، الزهور، الأشجار...

- اجمع عينات متنوعة من أوراق الشجر والأصداف والصخور وغيرها وصنفها حسب نوعها...

- احرص على زيارة حديقة الحيوان، الحدائق الطبيعية، الشاطئ، المتحف.

- مارس بعض التجارب الطبيعية:

- اقطع قطعا من الورق المقوى على شكل دوائر ومثلثات وألصق كلا من هذه الأشكال على ورقة شجر سواء خارج البيت أو داخله، واحرص على عدم تقطيع أوراق الشجر.

- اترك واحدة من هذه الأوراق لمدة يوم، وورقة أخرى ليومين، وورقة لثلاثة أيام..

تابع التغير الذي يحدث كل يوم في شكل ولون كل ورقة شجر من الأوراق الثلاثة. واختلافها عن الأوراق الأخرى التي لم تغط. بعد كم من الوقت بدأت في الذبول، تغير لونها.. ابحث لماذا..

- راقب السماء والنجوم ومراحل القمر وشروق الشمس وغروبها
- خصص مكان في بيتك كمتحف تعرض فيه نماذج من الأشياء التي جمعها: الأحجار، القواقع، الزهور،....

استراتيجيات التدريس الملائمة للذكاء الطبيعي (البيئي):

م	الاستراتيجيات	مفهوم الاستراتيجية
1	السير على الأقدام Strategy Nature Walks	طرح أسئلة علمية تدعو للتأمل والتفكير من خلال السير في الطبيعة .
2	التعلم عبر النوافذ Windows Onto Learning	توجيه الطلاب لمعرفة ما يجري خارج الصف من خلال النظر عبر النافذة، أو توجيه الطالب أن يتخيل أن الموقف المراد تعلمه خارج الصف وكيف يمكن أن يعالجه .
3	النبات كدعامات Strategy Plants as Props	إحضار الطبيعة إلى غرفة الصف بتزيين الصف بنباتات منزلية لخلق جو إيجابي للتعلم.
4	حيوان أليف في غرفة الصف Strategy Pet-in-the-Classroom	إحضار حيوان أليف إلى غرفة الصف.
5	دراسة البيئة Ecology study Strategy	ربط المقررات بالبيئة، وعدم عزلها عن المنهج، ودمجها مع كل جزء في اليوم الدراسي.

ملخص الذكاءات المتعددة

الأنظمة العصبية والعوامل النمائية

الذكاء	الأنظمة العصبية (مناطق رئيسية)	عوامل نمائية	طرق تثمنها الثقافات
لغوي	الفص الصدغي الأيسر والفص الجبهي "مثلاً مناطق Broca /Wernicke"	تزدهر في الطفولة المبكرة، وتظل قوية إلى خريف العمل	تاريخ شفاهي، رواية القصص، الأدب
رياضي/ منطقي	الفص الجبهي الأيسر والفص الجداري الأيمن	يبلغ الذروة في فترة المراهقة والنضوج المبكر. تتراجع التبصيرات العالية في الرياضيات بعد سن الأربعين	اكتشافات علمية،نظريات رياضية،أنظمة إحصاء وتصنيف
حركي-جسماني	المخيخ، عقدة عصبية أساسية، قشرة الدماغ الحركية	يتفاوت وفقاً للمكون (القوة، المرونة أو المجال ("جمباز، بيسبول، تمثيل صامت"	أشغال يدوية، ألعاب رياضية، أعمال درامية، رقص، نحت
موسيقى	الفص الصدغي الأيمن	أول ذكاء يبدأ بالتطور، كثيرا ما يمر العباقرة بأزمات نمائية	قطع موسيقية، وأداءات وتسجيلات
بينشخصي	فصوص جبهية، فصوص صدغية " خصوصاً نصف الكرة الدماغية الأيمن النظام الليمي الانفعالي"	التصاق/ ارتباط حرج خلال السنوات الثلاث الأولى	وثائق سياسية، مؤسسات اجتماعية

ضمنشخصي	فصــوص جبهيــة، فصــوص جدارية، نظام ليمبي	تشـــكل الحــد بـــين " الــذات" والآخـــر حـــرج خـلال السـنوات الثـلاث الأولى	أنظمــة دينيــة، نظريــات نفسـية، طقـوس الانتقـال مـن وضـع لآخـر " مثـل الانتقال مـن العزوبية إلى الزواج"
طبيعي	مناطق فصوص جدارية يسرى مهمة للتمييز بين الأشياء الحية وغير الحية	يظهـر فجـأة بصـورة دراميــة لـدى بعـض الفتيـان اليـافعين، مـن شأن الدراسة في المدرسة أو الخبرة أن تزيد الخبرة الرسمية أو غير الرسمية	تصانيف شعبية، أعشاب تقليدية، طقـوس الصـيد، أســـاطير عــن أرواح الحيوانات

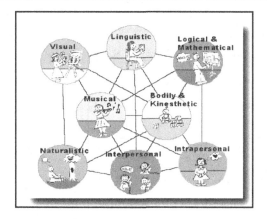

طرق التدريس والأدوات اللازمة لتطبيق الذكاءات

ملخص لطرق التعليم الثماني

الذكاء	طرق التدريس المفضلة	أدوات تعليمية	الأنشطة المفضلة
لفظي لغوي	محاضرة، نقاش،ألعاب الكلمات رواية القصص، كتابة سيرة الذاتية	كتب، جهاز التسجيل، الآلة الطابعة،	اكتب /اقرأ، ناقش / استمع
منطقي رياضي	حل مشكلات، تجارب علمية، حساب ذهني، ألعاب الأعداد، تفكير نقدي	حسابات يدوية. أدوات علمية، ألعاب رياضيات، معدات علوم	قم بالقياس، فكر بشكل انتقادي، ضعها في إطار منطقي،
جسمي حركي	تعلم باليد،تمثيل، رياضة بدنية، أعمال يدوية /إشارة دون كلام	ألعاب تركيب، صلصال، أدوات رياضية بناء	اركب، المس، حس، مثل
مكاني بصري	عرض بصري، أنشطة فنية، ألعاب التخيل، الخرائط الذهنية،التصور التخيل	رسم بياني.خرائط. كاميرا فيديو، أدوات فنية،خدع بصرية	انظر، ارسم، تخيل، لون، اعمل خريطة ذهنية
إيقاعي موسيقي	تعلم النغم،تحليل أصوات / استخدام أناشيد (تعليمي)	جهاز تسجيل، أشرطة، أدوات صوتية إيقاعية	انشد، اطرق، استمع ،لحّن
اجتماعي	تعليم تعاوني،، مشاركة المجتمع، لقاءات اجتماعية، مناسبات جماعية،	جهاز تسجيل، تنظيم حفلات، أدوار،ملابس	ادرس مع، تعاون مع، تفاعل معها باحترام

الذكاء	طرق التدريس المفضلة	أدوات تعليمية	الأنشطة المفضلة
ذاتي تأملي	تعليمات فردية، مفكرات تقييم ذاتي، بناء الثقة بالنفس، احترام الذات.	أدوات بناء الذات، السيرة الذاتية.مفكرة	الاستبصار الذاتي، اربطها بحياتك الشخصية،تأمل
طبيعي بيئي	دراسة طبيعة /وعي بيئي/عناية بالحيوانات رحلات متابعة ظواهر الطبيعية	النبات، الحيوان، المناظير، مكبر، أدوات للعناية بالحدائق	معايشة الأحياء (نبات + حيوان) راقب الظواهر الطبيعية

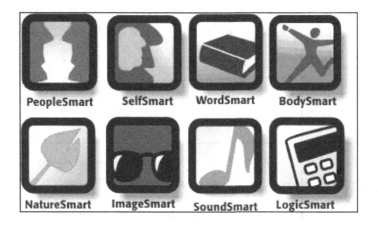

خريطة موجزة لنظرية الذكاء المتعدد

الذكاء	المكونات الأساسية	الأنظمة الرمزية	الحالات النهائية العليا
لغوي لفظي	حساسية تجاه الأصوات وتركيب ومعاني ومهام الكلمات واللغة	لغات صوتية، الإنجليزي مثلاَ	كاتب، خطيب، "مثلاً طه حسين، جمال عبدالناصر"
رياضي منطقي	حساسية تجاه وقدرة على تمييز الأنماط العددية أو المنطقية، والمقدرة على معالجة سلاسل التفكير الطويلة	لغات الحاسوب مثلاً Basic	عالم، رياضي، مثل أحمد زويل، ابن الهيثم، الخوارزمي
مكاني بصري	المقدرة على إدراك العالم المكاني البصري بدقة وإجراءات تحولات	لغات ايدوغرافية، كتابة بالرموز والرسوم، مثل اللغة الصينية	فنان، معمار مثل Frida Kahlo
حركي جسماني	المقدرة على التحكم بحركات الجسم ومناولة الأشياء بمهارة	لغات رمزية " بريل"	رياضي، ممثل، نحات مثل مارادونا، بيكاسو، نور الشريف
موسيقي	المقدرة على إنتاج وتقدير الإيقاع ودرجة الصوت والجرس،	أنظمة التنويت الموسيقية رموز Morse	مؤلف ومؤد موسيقي مثل محمد عبدالوهاب، رياض السمباطي،

اجتماعي	المقدرة على تمييز حالات وأمزجة ودوافع ورغبات الآخرين والتجاوب معها	إشارات اجتماعية مثل إيماءات وبتعبيرات الوجه	مستشار، زعيم سياسي مثل ياسر عرفات، المهاتما غاندي
ذاتي	وصول الفرد إلى مشاعره وقدرته على التمييز بين عواطفه ومعرفة نقاط القوة ونقاط الضعف عنده	رموز للذات مثل في الأحلام والأعمال الفنية	معالج نفسي، زعيم ديني مثل الشيخ يوسف القرضاوي
طبيعي	الخبرة في التمييز بين أعضاء نوع الكائنات وضع خرائط للعلاقات بين عدة أنواع من الكائنات الحية	أنظمة تصنيف الأنواع - خرائط البيئات	طبيعي، بيولوجي، ناشط في حركة حماية الحيوان

"لا يمكن أن تحشر هذه المجموعات الكبيرة من الناس معاً في أي مكان سوى في المدارس لهذا العدد الكبير من الساعات ومع ذلك يطلب منها أن تؤدي مهام تعلمية بقمة الفاعلية وأن تتفاعل بانسجام واتساق ".

Carol Weinstein

الفصل
الثالث

مؤشر الذكاء المتعدد

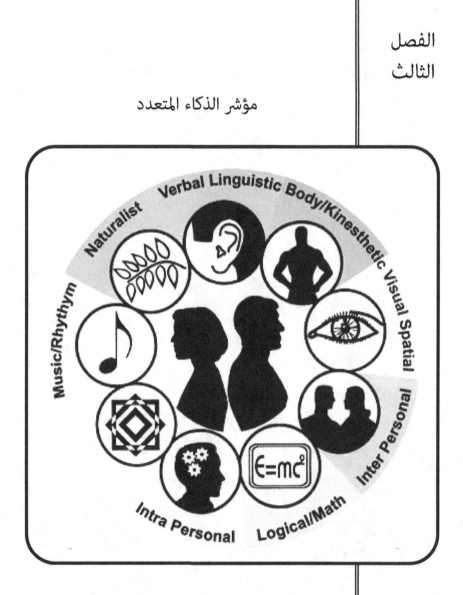

الفصل الثالث

مؤشر الذكاء المتعدد

مؤشر الذكاء المتعدد

قرر لكل واحد من السلوكيات التالية الرقم الذي يعتبر أدق وصف لسلوكك

4 = ينطبق عليّ تمامــا ، 3 = ينطبق عليّ بقوة ، 2 = ينطبق عليّ لحد ما ،

1= يكاد لا ينطبق عليّ ، 0 = لا ينطبق عليّ أبدا

الرقم		العنصــــــر
	أولا	
	أ	أستمتع بالقراءة
	ب	أميل إلى اعتبار مسائل المنطق تحديات مثيرة.
	ج	أخطط و أرسم أثناء التفكير.
	د	أحب أن أغني حتى و لو لنفسي .
	ه	أنا جيد في استعمال يديّ لإصلاح الأشياء أو بنائها .
	و	أنا ماهر في تكوين أصدقاء جدد.
	ز	أحب أن أنفق بعض الوقت أفكر في نفسي و في قيمتي (كم أساوي)
	ح	أحب أن أكون في الهواء الطلق كلما أمكن ذلك

	ثانيا	
	أ	عندما أتعلم مفردة لغوية جديدة أحاول استعمالها في محادثتي أو كتابتي
	ب	أفضل الرياضيات على الدراسات الاجتماعية و دروس اللغة الانجليزية
	ج	أنا قادر على تمييز الاختلافات الدقيقة في الألوان و الخطوط و الشكل
	د	كثيرا ما استمع للأناشيد
	هـ	لدي قدرة جيدة على الإحساس بالتوازن
	و	أحب الاجتماعات و الأنشطة الاجتماعية
	ز	أُثمن استقلالي تثمينا عاليا
	ح	أنا جيد في التنبؤ بالتغييرات في الظواهر الطبيعية (مثل: هطول المطر)
	ثالثا	
	أ	أحب أن أناقش نقطة ما أو أن أوضح الأشياء
	ب	أنا ماهر في ملاحظة الأنماط و مواطن الانحراف في وضع ما.
	ج	أنا جيد في تخيل أو تصور الأفكار
	د	أنا قادر على المحافظة على النغمة أثناء الإنشاد
	هـ	أنا قادر على تعلم رقصة جديدة أو لعبة رياضية بسرعة
	و	إحدى وسائل تمضية الوقت المحببة إليّ حضور الحفلات
	ز	كثيرا ما أتحدث إلى نفسي
	ح	أنخرط في المسائل البيئية (تنظيف الشوارع)
	رابعا	
	أ	أتكلم بالمجازات و استخدم لغة معبرة
	ب	أجيد العمل بالأعداد و البيانات
	ج	أجيد قراءة الخرائط
	د	أنا قادر على العزف على آلية موسيقية بصورة جيدة

	هـ	كثيرا ما أتحدث بيديّ
	و	يسهل التعرف عليّ
	ز	بشكل منتظم أفكر بما لدي من أشياء ثمينة و كذلك بما عليّ من مستحقات بانتظام
	ح	أفضل علم الأحياء على علم الكيمياء
خامسا		
	أ	أنا أجيد استعمال الكلمات في وصف الأشياء
	ب	قليلا ما أعتمد على الثقة وحدها
	ج	عندما أقرأ أرى القصة في عقلي
	د	أعرف متى يكون هناك نشاز أو خلل ما في الأداء الموسيقي والألحان
	هـ	أتطلع إلى النشاط البدني حتى لو كان شاقا
	و	أتطلع إلى فرص لمقابلة أناس جدد و العمل معهم
	ز	أحب ان أتفكر في الأشياء بعمق قبل أن أتصرف
	ح	أنا جيد في التسلية خارج المنزل كالصيد أو مراقبة الطيور
سادسا		
	أ	أنا جيد في استعمال الكلمات لإقناع الآخرين
	ب	اشعر بالارتياح مع الأفكار التجريدية
	ج	عندما أشاهد فلما سينمائيا أركز على ما أرى أكثر من تركيزي على ما أسمع
	د	امتلك مكتبة موسيقية في رأسي
	هـ	إذا لم أتمكن من التحرك هنا وهناك أشعر بالملل
	و	عندما يتعين عليّ أن أصنع قرارا صعبا أطلب نصيحة الآخرين
	ز	أحتاج بانتظام إلى وقت أخصصه لنفسي
	ح	لدي القدرة فائقة على الاعتناء بالنباتات

	سابعا	
	أ	أهتم بمعاني الكلمات
	ب	لدي القدرة على قراءة و فهم الجداول أو الرسوم التخطيطية بالأرقام
	ج	أجيد مطابقة الألوان و الديكور
	د	أحب أن أصنع ألحاني و أنغامي
	ه	أحتاج لأن أحرك الأشياء بيديّ لأعرف كيف تعمل
	و	لا أحب المواجهات و أحاول أن أحافظ على اتزاني عندما أتحدث
	ز	أحب أن أضع لنفسي أهدافا شخصية
	ح	أحب أن أرسم أو أن ألتقط صورا لأوضاع أو أشياء طبيعية.
	ثامنا	
	أ	أجد الكتابة شيئا ممتعا
	ب	تسحرني الموضوعات و المناظرات العلمية الدائرة حول الموضوعات الحديثة
	ج	أستطيع أن أقف في موقع معين و أتخيل الأشياء في مواقع مختلفة دون أن أتحرك
	د	أنا جيد في المحافظة على الإيقاع
	ه	أحب عمل الأشياء بالممارسة اليدوية المباشرة كأعمال الخشب أو الخياطة
	و	أنا جيد في جعل الناس يشعرون بالارتياح
	ز	أميل إلى الثقة بحكمي على الأمور
	ح	أحب السير الطويل على القدمين وأحب التخييم
	تاسعا	
	أ	أحب أن أذهب إلى محل لبيع الكتب أو إلى مكتبة لأقرأ و لأبحث عن أفكار
	ب	أومن بأن هناك تفسيرا منطقيا لكل شيء تقريبا
	ج	أنا أقدر على تذكر الوجوه مني أكثر على تذكر الأسماء
	د	لدي ذوق موسيقي محدد بوضوح (أعرف ما أحب و ما لا أحب)

أفضل أن ألعب اللعبة على أن أشاهدها	ه	
أتجاوب بقوة مع الناس الآخرين	و	
أحب أن أكون رئيس نفسي	ز	
أشعر بالارتياح و الثقة في الهواء الطلق	ح	
عاشرا		
أنا جيد في لعبة تركيب الكلمات أو الكلمات المتقاطعة أو غيرها	أ	
استمتع بالألعاب التي تتطلب تكتيكات و استراتيجية	ب	
أنا جيد في ألعاب المعلومات و حل شبكة المتاهات أو الخداع البصري	ج	
أنا جيد في تذكر أسماء الأناشيد .	د	
أنا جيد في محاكاة السلوك البدني للآخرين	ه	
استمتع بجعل الآخرين يعملون سويا	و	
أحب الألعاب التي استطيع لعبها وحدي (كألعاب الحاسوب)	ز	
أنا جيد بالاسترشاد بالشمس و النجوم في الغابات	ح	

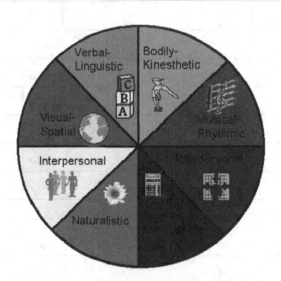

نتيجة المؤشر

وضع العلامات : احسب الأرقام لكل من الذكاءات حسب مجاميعك لكل حرف

الحرف	نوع الذكاء	البنـــــــد										المجموع
		أولا	ثانيا	ثالثا	رابعا	خامسا	سادسا	سابعا	ثامنا	تاسعا	عاشرا	
أ	لغوي ـ لفظي											
ب	رياضي ـ منطقي											
ج	مكاني ـ بصري											
د	موسيقي											
هـ	حركي ـ جسماني											
و	اجتماعي											
ز	ذاتي											
ح	طبيعي											

المقياس

نوع الذكاء	صفر	20	40
لغوي ـ لفظي	صفر	20	40
رياضي ـ منطقي	صفر	20	40
مكاني ـ بصري	صفر	20	40
إيقاعي - موسيقي	صفر	20	40
حركي ـ جسماني	صفر	20	40
اجتماعي	صفر	20	40
ذاتي	صفر	20	40
طبيعي	صفر	20	40

مستوى الارتياح	(صفر – 7) لا ارتياح مع هذا الذكاء
	(8-15) ارتياح قليل مع هذا الذكاء
	(16-23) مرتاح باعتدال مع هذا الذكاء
	(24-31) مرتاح مع هذا الذكاء
	(32-40) مرتاح جدا مع هذا الذكاء

مؤشر أنواع الذكاء لدى الشخص أون لاين : www.ldcsb.on.ca/. ../index.html

http://www.personal.psu.edu/bxb11/MI/rimi2.ht

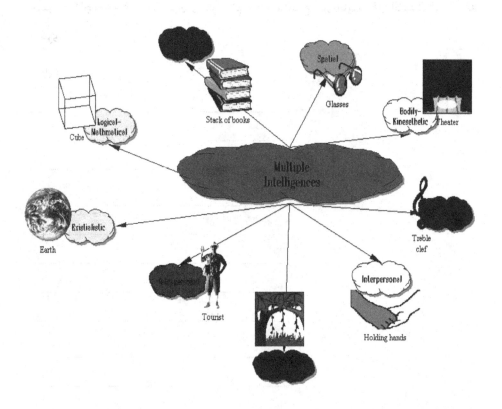

تطبيق على استخدام الذكاء في حل المشكلات

حل مشكلة بالذكاء المتعدد

مشكلة القارب الصغير :

19 شخصا يريدون أن يقطعوا نهرا ، النهر سريع الجريان و تصعب السباحة فيه ، لدينا قارب صغير يتسع لثلاثة أشخاص فقط في المرة الواحدة ، و يجب أن يكون أحد هؤلاء شخصا كبيرا ، وليس في المجموعة غير رجل كبير واحد . كم رحلة سنحتاج عبر النهر لنقل الأطفال إلى الضفة الأخرى ؟

الحل :

....

....

....

....

....

....

....

....

....

....

قائمة تفقد حل المشكلة

فحص	مرتبة	الأسلوب المتبع	الذكاء
		أعدت قراءة المشكلة عدة مرات	لغوي - لفظي
		تخيلت المشكلة في رأسي	مكاني - بصري
		رسمت صورا أو رسما بيانيا للمشكلة	مكاني - بصري
		استخدمت معادلة رياضية لحل المشكلة	رياضي – منطقي
		استخدمت أعدادا و عمليات رياضية	رياضي – منطقي
		تحادثت مع شخص آخر أثناء العمل	جماعي
		طلبت مساعدة من شخص آخر	جماعي
		مثلت المشكلة	حركي – جسماني
		استخدمت مواد ملموسة أثناء حل المشكلة	حركي – جسماني
		تحدثت مع نفسي أثناء العمل	ذاتي
		تفكرت في المشكلة في رأسي قبل أن أبدأ بالعمل	ذاتي
		غنيت أو همهمت أثناء العمل	إيقاعي
		فكرت في التيارات و الرياح و العقبات الطبيعية	طبيعي

مؤشرات الذكاءات عند الطلاب

اسم الطالب: ....

(أشر على البنود التي تنطبق على الطالب بإشارة صح)

ذكاء لغوي

(   ) يكتب أفضل من المتوسط بالنسبة لعمره

(   ) يصنع تخريجات للأكاذيب أو يروي نكات وروايات

(   ) يتمتع بذاكرة قوية في الأسماء أو الأماكن أو التواريخ أو العبارات التي ليس لها معنى

(   ) يستمتع بالعاب الكلمات

(   ) يستمتع بقراءة الكتب

(   ) يتهجى الكلمات بشكل صحيح "لمرحلة ما قبل المدرسة"

(   ) يقدر السجع والتلاعب بالكلمات وترديد الجمل متشابهة الحروف وبسرعة

(   ) يستمتع بالإصغاء إلى الكلمات المحكية مثل قصص الراديو ، كتب مسجلة على أشرطه

(   ) مفرداته أعلى مستوى من عمره

(   ) يتواصل مع الآخرين بطريقة لفظية

قدرات لغوية أخرى

(   )

(   )

(   )

(   )

ذكاء رياضي منطقي

(   ) يطرح أسئلة كثيرة عن كيف تعمل الأشياء

(   ) يستمتع باللعب أو باللعب بالأعداد

(   ) يستمتع بحصة الرياضيات أو لمرحلة ما قبل المدرسة يستمتع بالعد وبعل أشياء أخرى

(   ) يجد ألعاب الرياضيات والحاسوب مثيرة للاهتمام

(   ) يستمتع بلعب الشطرنج أو الألعاب المماثلة أو ألعاب الاستراتيجيات

(   ) يستمتع بالعمل على الأحاجي المنطقية أو محفزات الدماغ "

(   ) يستمتع بوضع الأشياء في فئات أو تسلسلات هرمية أو أنماط منطقية أخرى.

(   ) يبدي اهتماما ما في الموضوعات ذات الصلة بالعلوم

(   ) يعمل جيدا في تقويم Piaget للتفكير المنطقي

قدرات رياضية منطقية أخرى:

....

....

....

....

....

....

تنمية مؤشرات الذكاء عند الطلاب

ذكاء موسيقي

---------- عندما يكون هناك نشاز في صوت النشيد يخبرك بذلك.

---------- يتذكر ألحان الأناشيد.

---------- يمتلك صوتاَ إنشاديا جيدا.

---------- ينشد أناشيد أو يرتل القرآن بصوت وإيقاع عذب.

---------- يتكلم أو يتحرك بطريقة إيقاعية.

---------- يهمهم لنفسه دون وعي منه.

---------- يدق بصورة إيقاعية على الطاولة أو المكتب أثناء العمل.

---------- حساس تجاه الضجيج البيئي مثل صوت المطر على السطح.

---------- يستجيب بحفاوة عند تشغيل نشيد.

---------- ينشد أناشيد تعلمها من خارج الصف.

قدرات موسيقية أخرى

....

....

....

ذكاء بينشخصي:

---------- يستمتع بالتواصل الاجتماعي مع الأقران.

---------- يبدوا قائدا بطبيعته.

---------- يسدى النصح للأصدقاء الذين يواجهون مشكلات.

---------- يبدو انه بارع في تعامله مع الآخرين.

---------- ينتسب إلى نواد أو لجان أو منظمات أو مجموعات من الأقران غير رسمية.

---------- يستمتع بتعليم الأطفال الآخرين بصورة غير رسمية.

---------- يحب أن يلعب ألعابا مع أطفال آخرين.

---------- له صديقان حميمان أو أكثر.

---------- لديه إحساس قوي بالتعاطف أو الاهتمام بالآخرين.

---------- يسعى الآخرون إلى صحبته.

قدرات بينشخصية أخرى

....

....

....

ذكاء مكاني – بصري

---------- ينقل صورة بصرية واضحة.

---------- يقرأ الخرائط والرسوم البيانية والتخطيطية بسهولة أكبر من قراءة النصوص.

---------- يكثر من أحلام اليقظة.

---------- يستمتع بالأنشطة الفنية.

---------- يجيد الرسم.

---------- يحب أن يشاهد الأفلام السينمائية والشرائح أو التمثيلات البصرية المشابهة.

---------- يستمتع بحل الأحاجي أو شبكات المتاهات أو الأنشطة البصرية المشابهة.

---------- يبني هياكل ثلاثة الأبعاد مثيرة للاهتمام مثل مباني من قطع LEGO.

---------- يستخلص معاني من الصور أكثر مما يستخلص من القراءة.

---------- يعبث شارد الذهن بكتب التدريبات أو أوراق العمل أو المواد الأخرى.

قدرات مكانية بصرية أخرى

....

....

....

ذكاء حركي - جسماني

---------- يتفوق في نوع من ألعاب الرياضة أو أكثر أو لمرحلة ما قبل المدرسة : يبدي قوة جسمانية متقدمة بالنسبة لعمره

---------- عندما يكون جالساَ لمدة طويلة في مكان واحد ، تراه يتحرك أو ينتفض أو ينقر أو يتململ

---------- يقلد إيماءات وحركات الآخرين بمهارة.

---------- يحب أن يفصل أجزاء الأشياء عن بعضها البعض ومن ثم يعيد تركيبها.

---------- يضع يديه على جميع أجزاء شيء قد رآه للتو.

---------- يستمتع بالجري أو القفز والمصارعة أو الأنشطة المشابهة "إذا كان أكبر سنا فسيبدي هذه الاهتمامات لكن بصورة أكثر تحفظا مثل الجري إلى الصف أو القفز من فوق الكرسي".

---------- يظهر مهارة في حرفة ما مثل أعمال الخشب، الخياطة، الميكانيكا، أو يظهر تناسقا حركيا دقيقا بطرق أخرى.

---------- يعبر عن نفسه بطريقة درامية.

---------- ينقل أحاسيس مادية مختلفة أثناء التفكير أو العمل.

---------- يحب أن يعمل بالصلصال أو الأعمال الحركية الأخرى مثل طلي الأظافر.

قدرات حركية جسمانية أخرى

....

....

....

ذكاء ضمنشخصي

---------- يبدي إحساساً بالاستقلال أو الإدارة القوية.

---------- لدية إحساس واقعي بقدراته ومواطن ضعفه.

---------- يتصرف جيدا عندما يترك وحده ليلعب أو ليدرس.

---------- يسير وفقا لإرشادات أخرى حول طريقة حياته وأسلوب تعلمه.

---------- لديه اهتمام أو هواية لا يتحدث عنها كثيراً.

---------- لديه إحساس جيد بالتوجيه الذاتي.

---------- يفضل أن يعمل وحيدا على أن يعمل مع الآخرين.

---------- يعبر بدقة عن مشاعره.

---------- قادر على التعلم من إخفاقاته ونجاحاته في الحياة.

---------- لديه احترام كبير للذات.

قدرات ضمنشخصية أخرى

....

....

....

....

ذكاء طبيعي

---------- في الحصص التي يتم فيها تبادل، يتحدث كثيراً على الحيوانات الأليفة أو الإمكان الطبيعية المفضلة لديه.

---------- يحب أن يذهب في رحلات ميدانية إلى حديقة حيوان أو إلى متحف للتاريخ الطبيعي.

---------- يبدي حساسية تجاه التكوينات الطبيعية مثل أن يسير في الخارج مع طلاب الصف سيلاحظ الجبال والسحاب . وإذا كان في بيئة حضرية

قد يبدي هذه المقدرة على هيئة حساسية تجاه الثقافة الشعبية مثل موديلات الأحذية والسيارات.

‫----------‬ يحب أن يسقي النباتات الموجودة بالصف وأن يعتني بها.

‫----------‬ يحب أن يظل إلى جوار قفص الحيوان الجربوع أو حصو الأسماك أو مربي جاف أثناء وجودة في الصف.

‫----------‬ يشعر بالإثارة لدى دراسة البيئة أو الطبيعة أو النباتات والحيوانات.

‫----------‬ يتحدث في الصف عن حقوق الحيوان أو الحفاظ على كوكب الأرض.

‫----------‬ يستمتع بتنفيذ مشروعات عن الطبيعة كمراقب طيور وجمع فراشات أو دراسة أشجار أو تربية حيوانات.

‫----------‬ يحضر إلى المدرسة حشرات أو أزهار أو أوراق شجر ليتشارك بها مع زملائه ومعلميه

‫----------‬ يحقق نجاحات طيبة في الموضوعات المدرسية التي تتناول الأنظمة الحية مثل موضوعات بيولوجية في العلوم وقضايا بيئية في الدراسات الاجتماعية

قدرات طبيعية أخرى

....

....

....

....

....

....

....

ذكائي هذا الأسبوع

الاسم : .... التاريخ : ....

دون أنواع الذكاء التي مارستها خلال هذا الأسبوع مع تحديد النشاط المنفذ:

الجمعة	الخميس	الأربعاء	الثلاثاء	الاثنين	الأحد	السبت	نوع الذكاء
							Word Smart (Linguistic)
							Number Smart (Logical/Mathematical)
							Picture Smart (Spatial/Visual)
							Body Smart (Bodily-Kinesthetic)
							 People Smart (Interpersonal)

نوع الذكاء	السبت	الأحد	الاثنين	الثلاثاء	الأربعاء	الخميس	الجمعة
Self Smart (Intrapersonal)							
Nature Smart (Naturalist)							
Music Smart (Musical)							

الفصل الرابع

نظرية الذكاء والتدريس

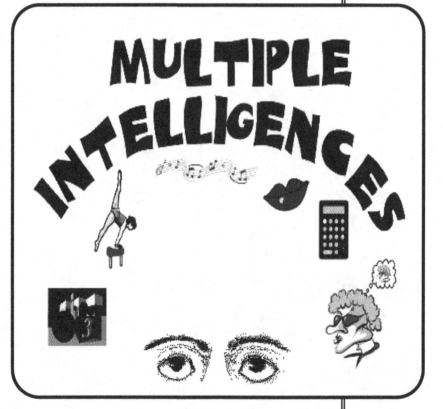

الفصل الرابع

نظرية الذكاء والتدريس

ماذا تضيف هذه النظرية للتدريس؟

تعتبر هذه النظرية من النظريات التي لها دور كبير في الجانب التربوي حيث أنها ركزت على أمور غفلت عنها النظريات الأخرى ، فقد تم إغفال الكثير من المواهب بسبب الاعتماد على التقييم الفردي واختبارات الذكاء بعكس هذه النظرية التي تساعد على الكشف القدرات والفروق الفردية. تساعد هذه النظرية على أن يوجه كل فرد للوظيفة التي تناسبه والتي تلائم قدراته ويتوقع ان ينجح فيها، فإذا ما استخدم نوع الذكاء المناسب وبشكل جيد قد يساعد ذلك على حل كثير من المشاكل.

أوضح جاردنر أن نظرية الذكاءات المتعددة ليست غاية تربوية في حد ذاتها ولكنها وسيلة قوية وفعالة يمكنها أن تساعد في الحصول علي نتائج تربوية أكثر فعالية حيث أنها تقوم بما يلي:

1- تسمح بتخطيط برامج تربوية تمكن التلاميذ من معرفة أنفسهم والوعي بقدراتهم.

2- تُمكن من تدريس المحتوي وتقويمه بأكثر من طريقة.

3- تُمكن المعلم من أن يكون علي وعي بقدرات المعلم تلاميذه والفروق بينهم ويصبح أكثر قدرة على تفريد التعليم.

كذلك فقد بين جاردنر أنه يمكن استخدام أكثر من طريقة من خلالها استخدام الذكاءات المتعددة داخل المدارس منها:

1- عرض المادة التعليمية بأكثر من طريقة

فليس من الضروري أن تكون 7 طرق فقط ولكن بالطرق التي تتناسب مع كل موضوع. مثل رواية القصة أو المناقشة أو عرض الموضوع بطريقة فنية أ, المحاكاة.

2- تفريد التعليم

من أهم المبادئ التي تؤكد عليها نظرية الذكاءات المتعددة هي مبدأ تفريد التعليم وأن الجميع متنوعين وليسوا نسخاً مكررة.

3- رعاية القدرات المرغوبة :

حيث ينبغي علي المدرسة أن ترعي القدرات والمهارات المرغوبة من قبل المجتمع، فعلي سبيل المثال إذا كان مجتمع ما يُعلي من شأن الموسيقي؛ فتصبح تنمية الذكاء الموسيقي من أهداف المدرسة.

علاقة الذكاءات المتعددة بالتحصيل :

يعرف التحصيل الدراسي بأنه : "ما يستطيع التلميذ اكتسابه من معلومات ومهارات ومعارف واتجاهات وقيم من خلال ما يمر به من خبرات تقدمها المدرسة في صور مختلفة ومتعددة، ومن أنشطة معرفية أكاديمية، وأنشطة حركية أو وجدانية انفعالية".

وبناءً على ذلك فإن من المفترض على المدرسة أن تقدم مناهج دراسية شاملة ومتنوعة لكل جوانب شخصية الطالب، وهو ما يتفق مع ما ذكره جاردنر في نظرية الذكاءات المتعددة التي تقدم أنشطة متكاملة وشاملة تسهم في النمو الشامل المتكامل للطالب.

والعديد من الدراسات خلصت نتائجها إلى أن استخدام البرامج المعتمدة على نظرية الذكاءات المتعددة في غرفة الصف يؤدي إلى:

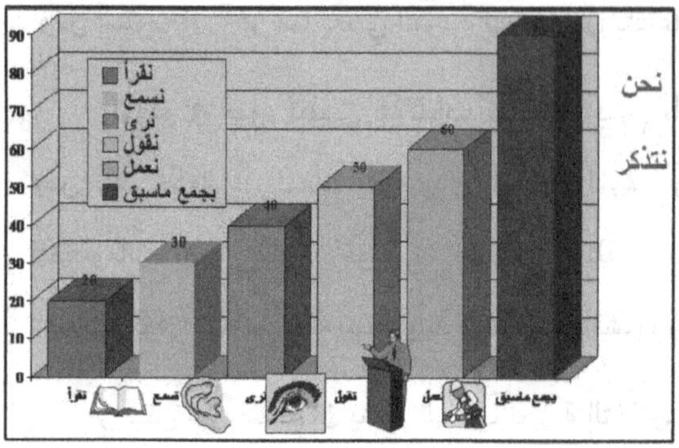

1- الاحتفاظ بالمادة المتعلمة.

2- تركيز المعلم على طرق التدريس التي تدعم فهم الطالب.

3- زيادة مهارات الاستذكار لدى المتعلم.

4- زيادة المناخ الإيجابي داخل غرفة الصف.

5- تناقص السلوك العدواني.

6- زيادة الدافعية للتعلم.

7- زيادة تحصيل الطلاب الدراسي.

8- حدوث التعاون بين الطلاب .

أن الطلاب في مدارس الذكاءات المتعددة لديهم طموحات وآمال كبيرة وتوقعات لأنفسهم جيدة، وسبب ذلك هو عندما يؤمن كل من في المجتمع بأن كل شخص لديه العديد من المواهب والقدرات، فإن أشكالاً من الإنجازات سوف تتحقق، كما أن نسبة التحصيل الدراسي لدى الطلاب قد زادت، كما أن المدرسين يؤمنون بأن الذكاءات المتعددة قد ساهمت بصورة فاعلة في جعل الطلاب أكثر إيجابية للتعلم داخل غرفة الصف .

وقد أشارت العديد من الدراسات إلى وجود أثر للتدريس بإستراتيجية الذكاءات المتعددة على التحصيل الدراسي عند الطلاب .

دور المعلم في استراتيجية الذكاءات المتعددة :

يختلف المعلم الذي يستخدم نظرية الذكاءات المتعددة كإطار لتدريسه عن المعلم الذي لا يستخدمها في جميع مراحل التدريس، حيث ينتقل من طريقة تدريس إلى أخرى

ومن أسلوب إلى آخر مما يعطي الفرصة للتلاميذ أن يتفاعلوا معاً سواء ثنائياً أو في مجموعات.

والمعلم في ضوء تطبيق الذكاءات المتعددة يقوم بأدوار متعددة حتى تحقق الهدف منها، ومن تلك الأدوار أن المعلم يقوم بدور الميسر والمرشد والموجه للتعلم، وليس الملقي أو الملقن للمعلومات، فهو يطرح الموضوع، ويسأل أسئلة، وييسر البحث والاستقصاء والحوار بين الطلاب،ويوفر بيئة منفتحة تتيح توليد الأفكار ومناقشتها وتقييمها دون قسر أو خوف أو إرهاب .

وينبغي على المعلم أن يشعر الطلاب بحرية التفكير، وبالأمن النفسي والجسدي من العقاب .

دور المعلم في هذه الاستراتيجية من خلال العرض السابق هو دور الموجِّه والمرشد والميسِّر، فكونه يقوم بذلك الدور فلابد له من الاستعداد المسبق وإعداد نفسه حتى يصل إلى درجة التوجيه والإرشاد، وحتى يتمكن من الاستجابة لأسئلة الطلاب وأفكارهم، بل يصبح أحد مصادر المعلومة، ويكون مستشاراً لتصميم التجارب والتقويم، ومرجعاً لهم في السير في خطوات الذكاءات المتعددة .

دور الطالب في استراتيجية الذكاءات المتعددة :

الطالب في استراتيجية الذكاءات المتعددة له دور يختلف عن دوره في التدريس التقليدي، فمن الأدوار التي يقوم بها ما يأتي :

- أن الطالب نشط وإيجابي
- يناقش ويعمل ويتفاعل.
- يجمع المعلومات المرتبطة بموضوع المشكلة ثم يحللها ويصنفها.
- يشارك زملاءه في التخطيط واتخاذ القرارات.

- يطبق ما توصل إليه من معلومات وحلول في مواقف جديدة وحياتية .
- باحث عن المعلومات.
- يوظف الطاقات والإمكانيات الخاصة به في عملية التعلم بشكل فعال.
- ينمي قدراته الخاصة .
- يعي بما لديه من جوانب وصفات ومشاعر ويعبر عنها .
- يتعلم بطرق مختلفة ومتنوعة .

ومن هنا نلاحظ كيف أن دور الطالب في هذه الاستراتيجية انتقل من التلقي والاستماع إلى المعلم، إلى عنصر إيجابي وفعال يقوم بدور تعاوني مع الآخرين، وهذا يؤكد أن استراتيجية الذكاءات المتعددة تنطلق من التعلم الحديث القائم على أن الطالب هو محور العملية التعليمية.

مدخل التدريس باستخدام الذكاءات المتعددة:

تعتبر إستراتيجيات هذه النظرية من أنجح الإستراتيجيات في تشجيع الطلاب ومنحهم الفرصة لإعطاء أفضل ما عندهم وجعلهم طلاباً أفضل تحدياً كما و أن تطبيق هذه النظرية في التعليم يجعل الطلاب متشابهين للمكتشف كريستوفر كولومبوس فكما هو تحدى نظرية أن العالم مسطح بإبحاره خلق الحدود فهذه النظرية يتيح الفرصة للطلاب بأن يتخطوا الحدود .

إن هذه النظرية تجعل الطلاب أكثر فاعلية وتحقق مبدأ التوازن في التعليم وتجعله أكثر تشويقاً، كما أنها تسمح لجميع الطلاب أن يحققوا التميز في جانب معين فهي تتجاوز التقليدية في أن الذكي هو المتميز فقط في الجانب اللغوي والمنطقي أو يمتلك مهارة الحفظ ، وتتوافق تماماً مع نظريات المخ التي تقسم القدرات داخل المخ إلى أجزاء مختلفة .

أن هذه النظرية طورت طرق التدريس بشكل عام وبإمكانها إعطائنا فكرة أعمق عن احتياجات الطلاب وبالأخص الطلاب غير المتميزين في البيئة التعليمية، كذلك وفرت للمدرس طريقة يطور فيها البيئة التعليمية بشكل يؤدي إلى تقوية المعلم والطالب .

إن الاستخدام الجيد للذكاءات المتعددة في مجال التدريس يكون بتطبيق مبادئها جنباً إلى جنب مع الإستراتيجيات والطرائق التدريس.

وهناك مجموعة من الضوابط والأسئلة لابد منها حين إعداد درس وفق الذكاءات المتعددة هي:

- ما هي أهداف الدرس؟
- ما الوسائل اللازمة لإبلاغه على أفضل وجه؟
- ما الكفاءات الذهنية الموجودة لدى المتعلمين الذين يوجه إليهم الدرس؟
- كيف يمكن تقديم الدرس بكيفيات مختلفة مع مراعاة الذكاءات المتعددة؟
- كيف يمكن توضيح الغايات وحصيلة المتعلم في كل درس للتأكد من مساهمة كل درس بكيفية مباشرة في تحقيق الغاية المنشودة؟

أما الضوابط كما ذكر فهي :

- ينبغي عند إعداد الدرس إدخال ما هو ممكن من الذكاءات بحسب ما يحتمل الدرس.
- المهم هو استحضار ذكاءات المتعلمين عند تحضير الدروس.
- قبل تصميم الدرس ينبغي التفكير في المحتوى الموجود في الدرس أو الوحدة لكي يتسنى انتقاء الذكاءات المناسبة لإدخالها الدرس .
- ينبغي دوماً أخذ بعين الاعتبار الطرق التي يتعلم بها التلاميذ ويرتاحون لها.
- ينبغي التعاون مع المعلمين في تحضير الدروس ومبادلتهم الآراء.
- ليس مهماً إدخال كل الذكاءات في أي درس أو وحدة فقد يتم أحياناً الاكتفاء بإدراج ثلاثة ذكاءات أو أربعة، وإذا لم يحتمل هذا الدرس يراعى ذلك في الدرس القادم.

إذاً فمن المهم جداً مراعاة ما سبق من قواعد، والعنصر الأهم أنه ليس من الضروري تحقيق كل الذكاءات في حصة تدريسية واحدة، بل بالإمكان تجزئة الذكاءات أحياناً على وحدة كاملة وبموازين مختلفة وفق حاجة الموضوع.

كما أنه من الهام جداً معرفة خصائص التلاميذ والقدرة على تصنيفهم وتوزيع المهارات الذكائية بطريقة تستجيب لخصائصهم وميولهم ورغباتهم، ومن مطالب ذلك وفقاً للذكاءات المتعددة لابد من تحقيق عملية التكامل بين المواد الدراسية المختلفة والتشاور وتبادل الآراء بين المعلمين لاختصار الوقت في عملية التصنيف.

إذاً ومن خلال ما سبق يمكن تلخيص أبرز النقاط التي تميز التدريس عن طريق الذكاءات المتعددة بالأتي :

- يسمح لكل طالب أن يحقق ذاته ويتميز بالجوانب التي ينفرد بها.
- يجعل طرق التدريس وأساليبه أكثر فاعلية.

- إذا ما طبق كإستراتيجية متكاملة فإنه يحقق الأهداف التدريسية بشكل أكثر فاعلية.
- يجعل التعلم والتعليم أكثر تشويقاً بالنسبة للطالب وذو معنى.
- يعزز النمو الإدراكي لدى الطالب.
- إذا ما بني عليه تصميم المقررات والكتب المدرسية فإنه يوجد مقررات وكتباً صالحة للتعلم.
- يحقق أهداف وفلسفة النشاط سواء النشاط المدرسي أو بناء المنهج.
- يتوافق مع الدراسات الحديثة للدماغ والتي قامت على أساس تجزئته وتصنيف القدرات الدماغية واختلافها من شخص إلى آخر.
- يقلل من تسرب الطلاب.
- يخفف من حدة العنف الطلابي تجاه البيئة المدرسية.
- يساعد كثيراً على خلق الطالب المفكر، وتدعم كثيراً تدريس التفكير.
- يساهم في تصنيف الطلاب وتحديد احتياجاتهم العلمية والنفسية.

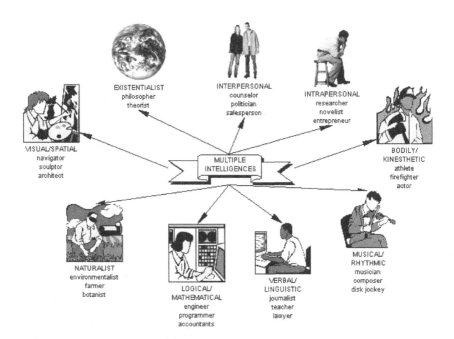

كيفية التعرف على أنواع الذكاء لدى الطلبة:

1- ملاحظة سلوك الطالبة في الصف.
2- ملاحظة سلوك الطالبة أثناء وقت الفراغ في المدرسة.
3- سجل الملاحظات الخاص بالمعلمة.
4- جمع وثائق الطلبة (الصور- الأشرطة – النماذج – الأعمال المقدمة).
5- ملاحظة سجلات المدرسة.
6- الحديث مع المعلمات.
7- التشاور مع أولياء الأمور.
8- النقاش مع الطالبة.
9- إجراء اختبارات تحديد أنواع الذكاء.

خطوات تطبيق نظرية الذكاءات المتعددة في التدريس

يشير المتخصصين إلى أنه يمكن تطبيق نظرية الذكاءات المتعددة أثناء التدريس عن طريق خمسة مراحل:

1- **طرح سؤال :**

وهو سؤال مفتوح يصف محتوي الدرس ويربطه باهتمامات وقدرات الطلاب.

2- **تحديد الأهداف :**

حيث تؤدي معرفة التلاميذ لأهداف الدرس إلى الفهم العميق لمحتوي الدرس. والمنهج المرتكز علي على نظرية الذكاءات المتعددة؛ يوجه المدرسة إلى وضع أهداف من شأنها أن توجد تعلم نشط لأي موضوع بالاعتماد علي التلميذ واهتماماته.

3- **إنشاء دليل بقدرات التلميذ:**

يُعتبر هذا الدليل بمثابة أداة لتقويم عمل التلميذ، فمثل هذه الطريقة تقدم معايير دقيقة لتقويم الطلاب تبعاً لقدراتهم المختلفة.

4- **تحديد مهمة التقويم:**

يستطيع التلميذ استغلال قدراته ومواهبه في إظهار فهمه العميق لموضوع الدرس عن طريق التنويع في مهام التقويم.

5- **التأمل من أجل التعديل:**

يتم ختام الدرس بما يسمي بالمهام التأملية Reflective Tasks والتي تلقي الضوء علي النواحي التدريسية القوية وتعمل علي تقوية النواحي الضعيفة وذلك عن طريق طرح أسئلة عن المحتوي ووجهات نظر التلاميذ.

إعداد الدرس في ضوء الذكاءات المتعددة

يمكن إعداد الدروس في ضوء الذكاءات المتعددة وفقاً للخطوات التالية:

1- تحديد هدف الدرس ووضعه في منتصف ورقة.

2- طرح مجموعة من الأسئلة الرئيسية.

3- البحث عن الطرق التدريسية الملائمة لتحقيق الأهداف.

4- العصف الذهني: حيث يبدأ المعلم بنفسه أو بإشراك زملائه عن الطرق التدريسية التي تتلاءم مع كل نوع من أنواع الذكاءات ومحاولة رصد كل الأفكار التي تتعلق باختيار هذه الطرق.

5- اختيار الأنشطة الملائمة: بعد أن يتم اختيار طرق التدريس يقوم المعلم بوضع دائرة علي الطرق التي تلائم المكان الذي يتم فيه التدريس، ويتم تخطيط الأنشطة.

6- وضع خطة تتابعية: بعد أن يتم اختيار الطرق والمداخل التدريسية، يقوم المعلم بتصميم الدرس حول الهدف الذي تم تحديده مسبقاً.

7- تنفيذ الخطة: وهنا يتم تجهيز المواد التعليمية الضرورية وتحديد وقت التدريس ثم البدء في تنفيذ الدرس.

خطة درس بالذكاءات المتعددة

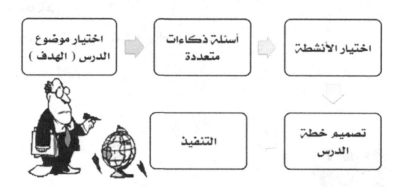

ولوضع الخطة يمكن طرح الأسئلة التالية :

الذكاء الرياضي

كيف يمكن استخدام الأرقام والحسابات والمنطق ومهارات التفكير الناقد

الذكاء المكاني

كيف يمكن استخدام المعينات البصرية والألوان والصور؟

الذكاء الموسيقي

كيف تستخدم الموسيقي والنغمات والأصوات أثناء التدريس؟

الذكاء اللغوي

كيف تستخدم الكلمة المنطوقة أو المقروءة

الذكاء الشخصي

كيف يمكن استدعاء المشاعر الشخصية للتلاميذ أثناء الدرس

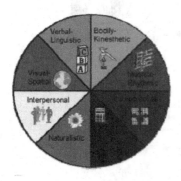

الذكاء الحركي

كيف يمكن استخدام الجسم ككل أو أجزائه أثناء التدريب

الذكاء الاجتماعي

كيف يمكن تشجيع التلاميذ علي العمل الجماعي

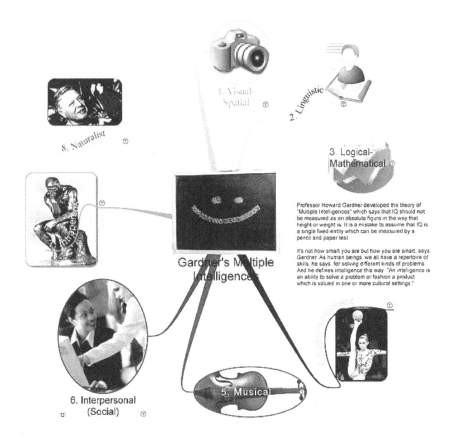

Professor Howard Gardner developed the theory of "Multiple Intelligences" which says that IQ should not be measured as an absolute figure in the way that height or weight is. It is a mistake to assume that IQ is a single fixed entity which can be measured by a pencil and paper test

It's not how smart you are but how you are smart, says Gardner As human beings, we all have a repertoire of skills, he says, for solving different kinds of problems And he defines intelligence this way "An intelligence is an ability to solve a problem or fashion a product which is valued in one or more cultural settings "

يمكن استخدام الشكل التالي للتخطيط لدرس باستخدام الذكاءات المتعددة:

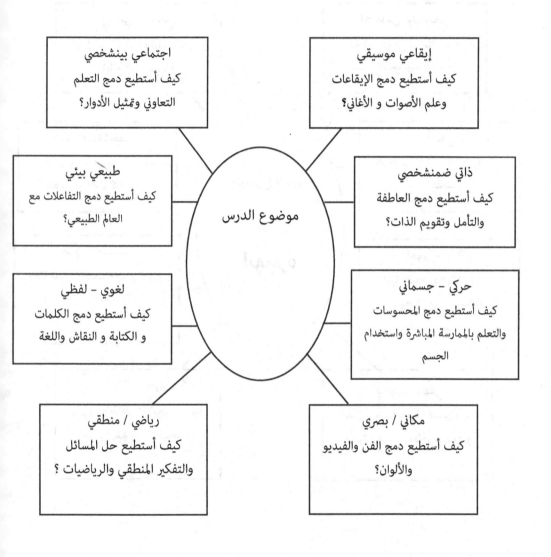

مثال:

إيقاعي موسيقي
ترتيل آيات قرآنية / ترديد أنشودة
(طلع البدر علينا)

اجتماعي بينشخصي
كتابة قصة الهجرة من خلال عبارات
معطاة /استخلاص دروس هامة

ذاتي ضمنشخصي
مشاعري تجاهه الرسول ومن هاجر
معه/ما موقفك لو كنت معهم

طبيعي
الربط بهجرة بعض الطيور للأماكن
الدافئة شتاء

موضوع الدرس

الهجرة

حركي – جسماني
رحلة للمدينة/تنفيذ مجسم لطريق
الهجرة/ تصميم الغار

لغوي - لفظي
لعبة حروف وكلمات/ وصف
الهجرة/ قراءة قصيدة/

مكاني / بصري
رسم مخطط طريق الهجرة/ شريط
فيديو/ رسم بياني للمهاجرين

رياضي / منطقي
تحليل أهمية الهجرة / تفسير سبب
هجرته إحصاء (مهاجر/أنصاري)

مثال:

أنشطة ذكاء لدرس (صلاة الكسوف والخسوف) لمادة الفقه

لغوي	منطقي	مكاني	إيقاعي
لعبة تكوين التعريف/كلمات متقاطعة /مناقشة (قدرة الله في الخلق) /وصف كيفية الصلاة	تفسير حدوث الظاهرتين/ تعليل مشروعية الصلاة /مقارنة بين الظاهرتين	عرض حاسب/ صور/ مقاطع فيديو/ مجسمات+ أنوار /رسم بياني لحدوث الكسوف	ترتيل آيات عن قدرة الله ترديد أنشودة (مع الله)
حركي	اجتماعي	ذاتي	طبيعي
تمثيل وضعيات الظاهرتين/ أداء صلاة الكسوف /تشكيل مجسم توضيحي /	إعداد بحث +عرض إعداد لوحة مصورة/ألبوم عن جميع الصلوات/ إعداد نشرة(مجموعات)	ما شعورك عند حدوث هذه الظواهر؟ماذا تفعلين _متى تشعر في دخلك بمثل هذه الظاهرة؟	مراقبة الشمس والقمر خلال عدة أيام/ مقارنة بين الحالات /تأملات

نموذج إعداد خطة درس بالذكاءات المتعددة

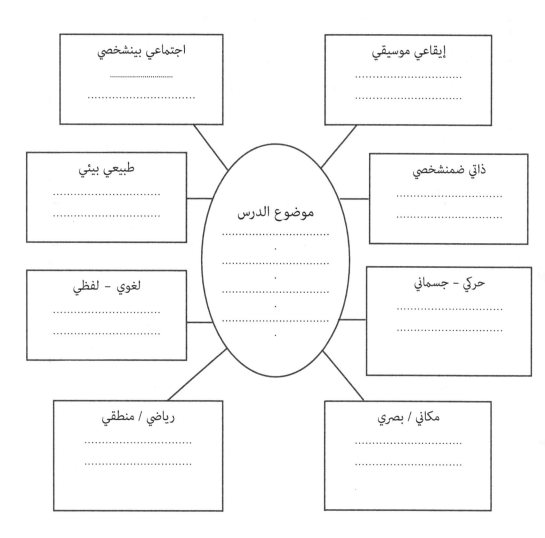

لغوي	مكاني	منطقي	إيقاعي

حركي	ذاتي	اجتماعي	طبيعي

استمارة التدريس بالذكاءات المتعددة

الذكاء / اللفظي

المادة: .... الموضوع: .... الصف: ....

الخصائص	الاستراتيجيات والطرق	الأسئلة والأنشطة
• استهجاء الكلمات بدقة وبطريقة صحيحة . • إدراك الأساليب البلاغية إدراكا (السجع - القافية - التورية ..) . • يمتلك حصيلة جيدة من الكلمات مقارنة بأقرانه . • يبدي أسلوب أفضل في الكتابة عن أقرانه . • لديه قدرة عالية على الاتصال الشفهي • التمتع بالاستماع إلى سرد القصص والأحاديث . • التمتع بقراءة الكتب والألعاب والألغاز التي تعتمد على الكلمات. • لديه ذاكرة قوية في الأسماء والأماكن والعناوين . • يحكي ويؤلف القصص والفكاهات. • إيجاد مترادفات للكلمة . • يكثر الحديث ، ويقيم حوارات ناجحة مع الآخرين .	• المحاضرات . • الألعاب • المناقشات • الألعاب والألغاز التي تعتمد على القصص . • القراءة . • كتابة المقالات . • العصف الذهني . • لعب الأدوار . • تسجيلات صوتية .	

الأسئلة والأنشطة	الاستراتيجيات والطرق	الخصائص
		• يمتلك قدرة على استنتاج وتحليل الأحداث لقصص التي يسمعها .
		• يستطيع وصف الصور شفهياً وصفاً دقيقاً .
		• يتخير الكتب والقصص التي تعجبه بدون توجيه .

الذكاء / الرياضي / المنطقي

المادة: .... الموضوع: .... الصف: ....

الأسئلة والأنشطة	الاستراتيجيات والطرق	الخصائص
	• حل المشكلات . • التجارب العلمية . • العمليـات العقليـة الحسـابية والألعـاب التـي تعتمـد علـى الأرقام . • التفكير الناقد	• الاهتمام بالبحث عـن الألعـاب الكمبيوتر الحسابية . • طرح كثير مـن الأسئلة عـن كيفية عمـل وتشغيل الأشياء . • حساب المسائل الرياضية في الرأس بسرعة . • التمتع بحصص الرياضيات . • التمتـع بالعمـل واللعـب بالأحـاجي أو المشكلات التي تعتمد على التفكير الناقد . • التمتع بتصنيف الأشياء إلى أنواع وفصائل أو في تسلسل .

الأسئلة والأنشطة	الاستراتيجيات والطرق	الخصائص
		• التفكـير بطريقة تجريبية نظرية أكثر ممـن هم في مرحلته العمرية .
		• لديه إدراك جيد للأسباب .
		• يتحقق من ويختبر الافتراضات بنفسه.
		• يستمتع بالعمليات المركبة مثل : العمليات الحسابية - الفيزيقية - وبـرامج الكمبيـوتر وطرق البحث العلمي .
		• يبتكر نماذج جديدة في العلوم والرياضيات .
		• يستخدم رموز مختصرة لتقـديم وتحديـد بعض الأهداف والمفاهيم .
		• لديـه إدراك عـال بالمفـاهيم المتعلقـة بالوقت الأوزان السبب والنتيجة .
		• يستمتع حيث يجد المشكلات لحلها.

استمارة التدريس بالذكاءات المتعددة

المادة: .... الموضوع: .... الصف: ....

الخصائص	الاستراتيجيات والطرق	الأسئلة والأنشطة
• نقل ووصف المناظر الخيالية بوضوح . • قراءة الخرائط والرسوم البيانية واستيعاب الرموز المصاحبة لها . • الاستمتاع بالأنشطة الفنية . • رسم الوجوه بطريقة أفضل عن من هم في مثل سنه • حب وتفضيل رؤية العروض المرئية . • تكثر لديه أحلام اليقظة أكثر من أقرانه . • التمتع بعمل تكوينات المتاهات والاستمتاع بألعاب الفك والتركيب ، وعمل مباني وأشكال ثلاثية الأبعاد • رسم خطوط أو أشكال للتعبير عن المهام والأعمال التي تسند إليهم . • إدراك العلاقات المكانية بين الأشكال والفراغات وتقدير الأحجام .	• الأنشطة الفنية . • الألعاب والألغاز التي تعتمد على الخيال . • الرسوم البيانية . • العروض المسرحية . • وصف الصور الخيالية.	

الخصائص	الاستراتيجيات والطرق	الأسئلة والأنشطة
• يعبر عن المواقف التي تحدث بالوصف أو الرسم من الخيال . • يفضل الأنشطة التي يمارس فيها الرسم . • يقدر المسافات ويفضل ألعاب التصوير.		

الذكاء / الحركي / البدني

المادة: .... الموضوع: .... الصف: ....

الخصائص	الاستراتيجيات والطرق	الأسئلة والأنشطة
• التفوق في واحدة أو أكثر من الألعاب الرياضية . • بارع في التقليد والمحاكاة الجسدية للآخرين . • يجب أن يفك الأشياء إلى أجزاء ثم يجمعها مرة أخرى . • يتحرك ويتململ عندما يجلس لفترة طويلة . • يقوم بفحص الأشياء بيديه بمجرد أن يرى الشيء . • يظهر مهارة عالية في الأنشطة اليدوية . • له أسلوب مسرحي تعبيري مثير وخاص .	• التعلم عن طريق العمل بالأيدي . • التمثيل المسرحي . • الألعاب الرياضية . • تمرينات الاسترخاء . • الأنشطة المحسوسة . • المشروعات الجماعية .	

الخصائص	الاستراتيجيات والطرق	الأسئلة والأنشطة
• يظهر تعبيرات بدنية مختلفة عند التفكير أو العمل . • يستمتع كثيرا بالعمل بالصلصال أو الخبرات الملموسة مثل الرسم بالإصبع. • يستطيع التعبير عن أفكاره بتعبيرات الوجه واليدين وسائر أعضاء الجسم . • يفضل الأدوار المسرحية والقصص التي تعتمد على الحركة .		

استمارة التدريس بالذكاءات المتعددة

الذكاء / الطبيعي

المادة: .... الموضوع: .... الصف: ....

الخصائص	الاستراتيجيات والطرق	الأسئلة والأنشطة
• الميل نحو التعرف العميق على جميع أشكال الحياة في الطبيعة . • جمع العينات الطبيعية كالصخور والفراشات وغيرها . • القدرة العالية على تصنيف الكائنات الحية ، والموجودات الطبيعية . • قدرة عالية على الملاحظة والإدراك لبعض الظواهر الطبيعية . • اهتمام بتقلبات المناخ وفصول السنة . • التمتع بحصص الأحياء والجغرافيا والفلك .	• زيارة المتاحف والحدائق والمراصد والمستشفيات . • التجارب العملية الطبيعية . • عرض الأفلام والصور والأقراص المدمجة الخاصة بعلوم الطبيعة . • جمع العينات ، وتجفيف النباتات ، وتصنيفها ضمن معشبات مصغرة . • دراسة كتب عن الطبيعة . • عرض سير لعلماء الطبيعة المشهورين . • المشاركة في مشاريع حماية البيئة . • عمل لوحات حائطية ومجلات خاصة بالكائنات الحية وغيرها .	

استمارة التدريس بالذكاءات المتعددة

الذكاء / الاجتماعي

المادة: .... الموضوع: .... الصف: ....

الخصائص	الاستراتيجيات والطرق	الأسئلة والأنشطة
• التمتع في تكوين علاقات جديدة . • الميل لاتخاذ دور القائد للمجموعة . • توفر مهارات قيادية كثيرة . • الميل للاشتراك في النوادي أو اللجان أو التنظيمات الأخرى ليكون عضواً في مجموعة . • يحب الألعاب الجماعية .	• المشروعات الجماعية. • المناقشات بأنواعها . • تمثيل الأدوار . • مهارات فن الاتصال . • جلسات العصف الذهني . • مهارات الحوار والإقناع . • قيادة المنتديات والنوادي والاجتماعات . • أخلاقيات الشورى الإسلامية . • مهارة اتخاذ القرار .	

استمارة التدريس بالذكاءات المتعددة

الذكاء / الشخصي

المادة: .... الموضوع: .... الصف: ....

الخصائص	الاستراتيجيات والطرق	الأسئلة والأنشطة
• يظهر تميزا في الأعمال الفردية. • يبدو عليه الثقة في النفس والإرادة القوية . • لديه إدراك واعي وواقعي بنقاط قوته وضعفه . • لديه بعض الاهتمامات والهوايات التي لا يتحدث عنها كثيرا . • يحدد أهدافه بدقة وحاجاته الشخصية ويسعى لتحقيقها . • يفضل العمل لوحده عن العمل مع الآخرين . • يعبر بدقة ووضوح . • لديه القدرة للتعلم من فشله . • استقلالي في إدارة أعماله . • يتذكر المواقف التي له فيها شأن. • ينظم حاجياته بنفسه دون مساعدة . • يميل إلى الألعاب التي تتطلب تركيزاً ذهنيا أكثر .	• استراتيجية حل المشكلات . • المشروعات الفردية . • الدراسة المستقبلية . • بناء نظام شخصي ذاتي . • حرية الاختيار للمادة التي يدرسها . • عبادة التأمل . •	

استمارة التدريس بالذكاءات المتعددة

الذكاء / الموسيقي

المادة: .... الموضوع: .... الصف: ....

الخصائص	الاستراتيجيات والطرق	الأسئلة والأنشطة
• تـذكر ألحـان الأناشـيد ، و تغـن القراء . • امتلاك صوت جيد للغناء . • يميز بـين الألحـان والأصـوات عنـد سـماعها (الأصـوات الجيـدة وغـير الجيدة) . • لديه إيقاعية متناغمة في الكلام أو الحركة . • يدندن أو يهمهم دائما . • ينقـر إيقاعيـا عـلى المنضـدة أثنـاء العمل . • الحساسية للأصوات في البيئـة مـن حوله (سـقوط المطـر عـلى زجـاج النافذة) . • تأليف الأغنيات والأناشيد . • يستجيب بالرد إيجابيا عنـد سـماع قطعة موسيقية .	• الترتيل ، والتغني بالقرآن . • الإنشاد . • التلحين . • تأليف الأغاني والأناشيد .	

الفصل الخامس

دروس تطبيقية

Logic-Math Smart
Mathematics, computer
Word Smart
Character building, dramatic play, social education
Body Smart
Music Smart
Nature Smart

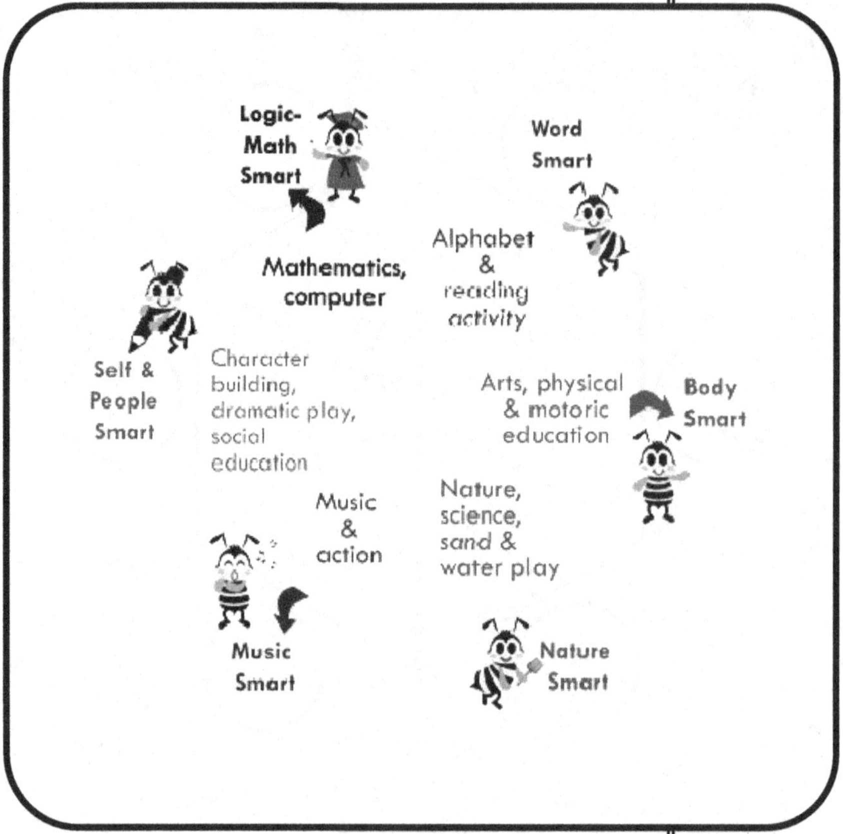

الفصل الخامس

دروس تطبيقية

درس تطبيقي على مادة التاريخ: هجرة النبي صلى الله عليه وسلم إلى يثرب

ذكاء طبيعي لغوي

تأمل الصور التي أمامك واستخدم ذكاءك الطبيعي واللغوي للتعبير عنها وإيجاد الرابط بينها

استخدم ذكاءك البصري واللغوي وتنقل بين الحروف للتوصل لعنوان الدرس ابدأ بالأحمر
وانتهي بالأزرق

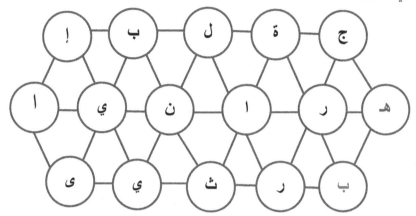

استنتاج عنوان الدرس : هجرة النبي ﷺ إلى يثرب.

ثم عرض آية مرتلة بصوت مقرئ ذي صوت حسن وطلب ترديدها بنفس الترتيل.
(قَالُوا أَلَمْ تَكُنْ أَرْضُ اللَّهِ وَاسِعَةً فَتُهَاجِرُوا فِيهَا) (النساء: 97).

استخدم ذكاءك اللغوي واستنتج تعريف الهجرة من خلال الصورتين

غَيّر أحد الحروف للتوصل لاسم السورة التي ذكرت جانباً من أحداث الهجرة النبوية

ا ل ن و ب ة

ثم عرض الآية مرتلة بصوت مقرئ ذي صوت حسن وطلب ترديدها بنفس الترتيل.

قال الـلـه تعالى : في سورة التوبة آية (40): ﴿إِلَّا تَنْصُرُوهُ فَقَدْ نَصَرَهُ اللَّهُ إِذْ أَخْرَجَهُ الَّذِينَ كَفَرُوا ثَانِيَ اثْنَيْنِ إِذْ هُمَا فِي الْغَارِ إِذْ يَقُولُ لِصَاحِبِهِ لَا تَحْزَنْ إِنَّ اللَّهَ مَعَنَا فَأَنْزَلَ اللَّهُ سَكِينَتَهُ عَلَيْهِ وَأَيَّدَهُ بِجُنُودٍ لَمْ تَرَوْهَا﴾

عرض فلاش تعليمي عن الهجرة النبوية:(تنبيه الطلاب لأهمية التركيز والملاحظة على ما سيعرض)

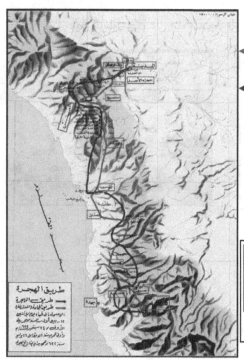

ماذا يمثل الخط الأخضر في المخطط؟

ماذا يمثل الخط الأحمر في المخطط ؟

ما معنى يثرب؟:

يثرب من الثرب بمعنى الفساد أو من التثريب

أي المؤاخذة بالذنب فكره الرسول ﷺ ذلك فغير اسمها .

ذكاء منطقي

علل لماذا لم يسلك الرسول ﷺ طريق القوافل ؟

ذكاء منطقي

مشكلة

حينما هاجر المسلمون إلى المدينة تركوا أموالهم وبيوتهم ونزلوا بلداً جديداً ما الحل الذي تقترحه لحل مشكلة المهاجرين!!

(وَالَّذِينَ تَبَوَّءُوا الدَّارَ وَالْإِيمَانَ مِنْ قَبْلِهِمْ يُحِبُّونَ مَنْ هَاجَرَ إِلَيْهِمْ وَلَا يَجِدُونَ فِي صُدُورِهِمْ حَاجَةً مِمَّا أُوتُوا وَيُؤْثِرُونَ عَلَى أَنْفُسِهِمْ وَلَوْ كَانَ بِهِمْ خَصَاصَةٌ) (الحشر: 9).

أين يمكن أن يؤدي المسلمون ما فرضه الـلـه على نبيهم ليلة الإسراء والمعراج ؟

علل!! لماذا حرص الرسول ﷺ على بناء المسجد فور وصوله المدينة ؟

صورة أول مسجد بني في الإسلام

ذكاء بصري

اشطب الحروف التي تكررت أكثر من مرة في الأشكال المركبة أمامك ثم ركب الحروف التي لم
تتكرر سوى مرة واحدة لتتوصل لاسم أول مسجد بني في الإسلام ؟

اسم المسجد : قباء

حركي اجتماعي

ميز العبارات التالية أيها تعد من أسباب الهجرة وأيها من نتائج الهجرة.

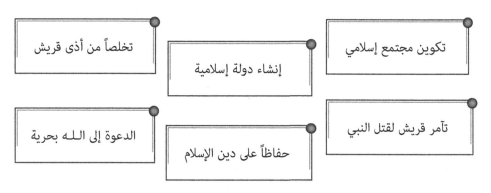

تكوين مجتمع إسلامي	إنشاء دولة إسلامية	تخلصاً من أذى قريش
تآمر قريش لقتل النبي	حفاظاً على دين الإسلام	الدعوة إلى اللـه بحرية

الهجرة إلى يثرب

الأسباب	النتائج
تخلصاً من أذى قريش	تكوين مجتمع إسلامي
حفاظاً على دين الإسلام	إنشاء دولة إسلامية
تآمر قريش لقتل النبي ﷺ	الدعوة إلى اللـه بحرية

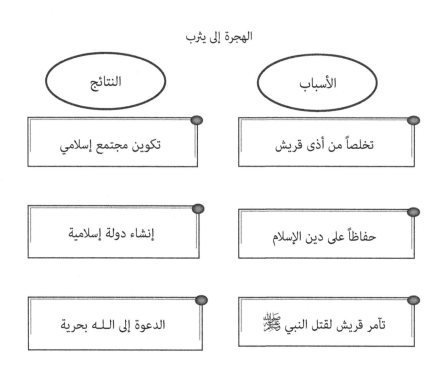

ذكاء ذاتي

من خلال دراستك لدرس الهجرة إلى المدينة المنورة :

- ما شعورك تجاه من تركوا بيوتهم وأهلهم وأموالهم في سبيل اللـه؟
- ماذا تفعل لو كنت مكانهم؟
- ما واجبك تجاه الرسول ﷺ والصحابة رضي الله عنهم ؟

حركي اجتماعي

بالتعاون مع مجموعتك

ركب من الحروف ذات اللون الواحد بالتناوب مسمى لدروس مستفادة من الهجرة

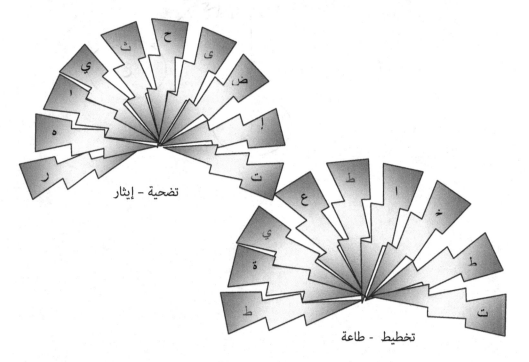

تضحية - إيثار

تخطيط - طاعة

ذكاء لغوي

استخدم مفاتيح الحروف في كل فرع لتتوصل لكلمات ذات علاقة بموضوع الهجرة

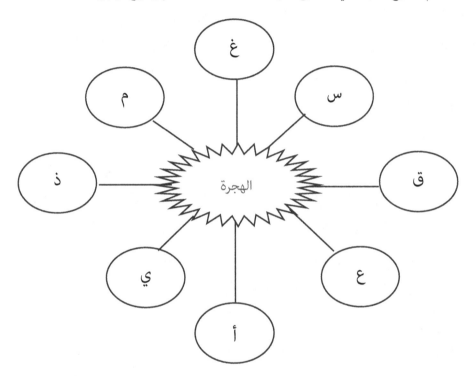

- بالتعاون مع مجموعتك صمم مجسم يوضح مخطط سير الهجرة النبوية للمدينة المنورة.

- ابحث في المعجم اللغوي أمامك عن معنى كلمة قباء في اللغة العربية ؟

- استخدم ذكاءك المنطقي لمعرفة منذ متى حدثت الهجرة النبوية للمدينة المنورة ؟ منذ (1430 سنة).

- لخص بأسلوبك الخاص قصة الهجرة النبوية للمدينة المنورة (ذكاء لغوي)

- ما الظاهرة الطبيعية التي تم ربطها بموضوع الدرس (ذكاء طبيعي)

كيد امرأة وذكاء رجل

زعموا أنّ أحد الملوك كان يحب أكل السمك، فجاءه يومًا صياد ومعه سمكه كبيرة فأهداها للملك ووضعها بين يديه فأعجبته فأمر له بأربعة آلاف درهم، فقالت له زوجته: بئس ما صنع.

فقال الملك لماذا ؟ فقالت: لأنك إذا أعطيت بعد هذا لأحد من حشمك هذا القدر قال: قد أعطاني مثل عطية الصياد، فقال :لقد صدقت ولكن يقبح بالملوك أن يرجعوا

في هباتهم وقد فات الأمر، فقالت له زوجته: أنا أدبر هذا الحال، فقال: وكيف ذلك؟

فقالت: تدعو الصياد، وتقول له: هذه السمكة ذكر هي أم أنثى؟ فإن قال ذكر، فقل إنما طلبت أنثى، وإن قال أنثى قل إنما طلبت ذكرًا.

فنودي على الصياد فعاد، وكان الصياد ذا ذكاء وفطنة، فقال له الملك: هذه السمكة ذكر أم أنثى؟ فقال الصياد: هذه خنثى، لا ذكر ولا أنثى؟

فضحك الملك من كلامه وأمر له بأربعة آلاف درهم، فمضى الصياد إلى الخازن

وقبض منه ثمانية آلاف درهم ووضعها في جراب كان معه وحملها على عنقه وهمّ بالخروج فوقع من الجراب درهم واحد، فوضع الصياد الجراب عن كاهله وانحنى على الدرهم فأخذه والملك وزوجته ينظران إليه.

فقالت زوجة الملك للملك: أرأيت خسة هذا الرجل وسفالته، سقط منه درهم واحد فألقى عن كاهله ثمانية آلاف درهم وانحنى على الدرهم فأخذه ولم يسهل عليه أن يتركه ليأخذه غلام من غلمان الملك، فغضب الملك منه وقال لزوجته: صدقت.

ثم أمر بإعادة الصياد وقال له: يا ساقط الهمة لست بإنسان، وضعت هذا المال عن عنقك لأجل درهم واحد، وأسفت أن تتركه في مكانه؟.

فقال الصياد: أطال الله بقاءك أيها الملك إنني لم أرفع هذا الدرهم لخطره عندي

وإنما رفعته عن الأرض لأنّ على وجهه صورة الملك وعلى الوجه الآخر اسم الملك

فخشيت أن يأتي غيري بغير علم ويضع عليه قدميه فيكون ذلك استخفافًا باسم الملك، وأكون أنا المؤاخذ بهذا.

فعجب الملك من كلامه واستحسن ما ذكره فأمر له بأربعة آلاف درهم.

فعاد الصياد ومعه اثنا عشر ألف درهم.

نموذج تطبيقي لمادة القراءة للصف الثاني الابتدائي (جدي والمطر):

عرض مقطع فيديو يعرض آية قرآنية عن قدرة الـلـه في إنشاء السحاب الثقال تصاحبها صور رعد وبرق وسماء مثقلة بالغيوم.

بعد متابعة القطع السابق استخدم ذكائك اللغوي، وأجب:

ما هي؟ .. نعمة عظيمة أنعم الـلـه بها علينا من ثلاثة حروف , لو بدلنا الحرف الأول منها أصبحت اسم دولة عربية .!!!!

مطر - قطر

عرض مقطع فيديو يوضح كيف تسقط حبات المطر على الأرض الجافة فتنبت الزرع وتخرج الزهر والورد البديع مع أنشودة : أمطري يا سماء..يردد الطلاب النشيد ...

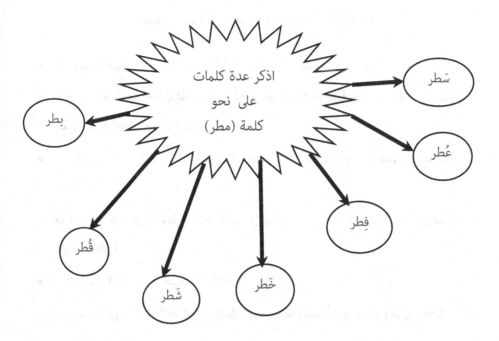

- من يستطيع تقليد صوت حبات المطر؟

- ما هي الصور التي تتبادر لذهنك حينما تسمع كلمة مطر؟

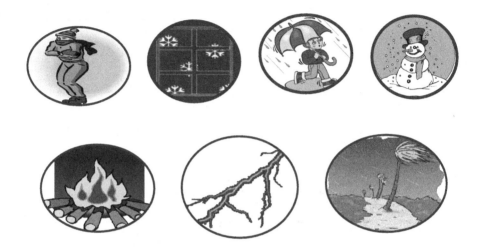

عرض صورة لأرض قاحلة ثم نزول مطر غزير فيها؟

- ما الذي ينقص هذه الصورة بعد هطول المطر؟ (ذكاء منطقي وطبيعي)

- عرض مقطع فيديو لحبات المطر تتساقط على أوراق الشجر حبة حبة مع آيات من القرآن عن هذه النعمة العظيمة.وطرح أسئلة عن المقطع.

- ماذا تشعر حين سماع حبات المطر؟ ماذا تفعل؟ هل شممت رائحة المطر ..كيف تصفها؟ (طبيعي)

- ما شعورك حين نزول المطر ؟ لماذا تحب نزول المطر؟ بماذا يذكرك المطر ؟ متى تشعر أنك كالمطر (ذاتي)

- ماذا ترتدي ؟ ماذا تقول حينما ترى المطر؟

- ركب من الحروف ذات اللون الواحد كلمات تعطيك مسميات أخرى للمطر (حركي لغوي).

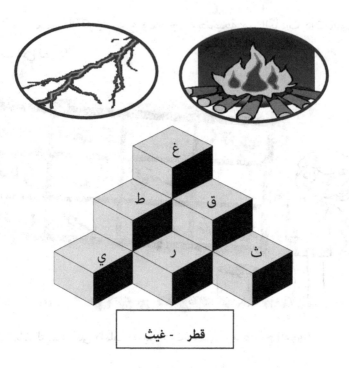

قطر - غيث

- ابحث عن ضد الكلمة التي تحملها وشكل معها ثنائي بأسرع وقت (حركي لغوي).

- يتم توزيع البطاقات بشكل عشوائي على الطلبة ثم يطلب منهم تنفيذ النشاط.

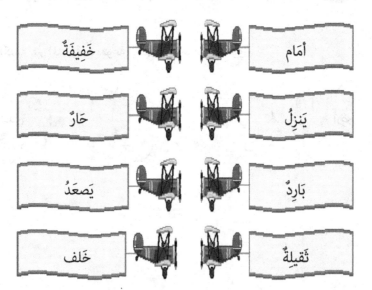

خَفِيفَةٌ		أَمَام
حَارٌّ		يَنزِلُ
يَصعَدُ		بَارِدٌ
خَلف		ثَقِيلَةٌ

- بالتعاون مع مجموعتك كون بأسرع وقت جمله صحيحة من الكلمات ذات اللون الواحد.(حركي اجتماعي لغوي)

- اقلب الكلمات لتحصل على كلمات جديدة ذات معنى مفيد صحيح.(لغوي)

| يُسرِفُ | عَرَفَ | يَبرُدُ | طَقس |

- استبعد الكلمة غير المنتمية لمجموعة الكلمات . (منطقي، لغوي)

| أَرضِي | يَسقِي | أُسرِتي | جَدّي |

يسقي : فعل - ياء المتكلم.

- ماذا لو لم تنزل الأمطار؟....(منطقي طبيعي)
- ماذا يفعل المسلمون حين تأخر نزول المطر؟

استخدم من الكلمات التالية ما يكمل الجملة مع تغيير ما يلزم (لغوي)

أشجار	الشمس	يحتاج	البرق

يضعه الملك على رأسه	← تاج
ضد البحر	← البر
يسكن بجوار بيتنا	← جار
من حواس الإنسان الخمس	← الشم

ما العلاقة بين هذه الكلمات التالية: (منطقي)

المَاء

وجود اللام القمرية ------- حالات للمادة -------- مراحل تكون المطر

- عبّر بأسلوبك عن الصورة بجملة مفيدة ؟ (لغوي) ....
- لحّن هذه الكلمات ورددها كنشيد .... (إيقاعي)
- بم تنصح من يتصرف مثل هذه التصرفات؟(لغوي اجتماعي) ....
- أربط كل كلمة بجمعها فيما يلي ليتبقى لدي كلمات أكوّن منها جملة مفيدة : (حركي لغوي).

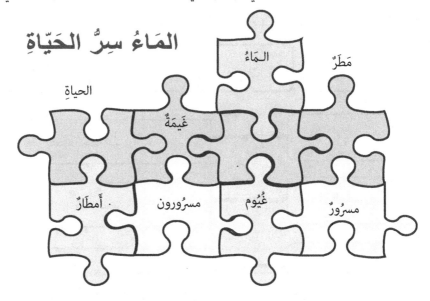

المَاءُ سِرُّ الحَيّاةِ
المَاءُ
الحياةِ

- بالتعاون مع مجموعتك استخدم خامات بسيطة لتصميم مظلة (جماعي حركي).

- تقليد صوت نزول المطر : تقسيم الطلاب إلى مجموعات تقوم كل مجموعة بإصدار إيقاع لصوت نزول المطر في أوله وأخرى صوت المطر القوي وثالثة صوت الرعد...(وذلك بفرقعة الأصابع والضرب على الأرجل والقفز على خشبة المسرح، والضرب بالأرجل على الأرض..) إيقاعي طبيعي

خشبة المسرح – والضرب بالأرجل على الأرض..) إيقاعي طبيعي

- تمثيل حركي جماعي لكيفية تبخر قطرات المياه وتجمعها و تكون السحب ونزول المطر.

الأرض القاحلة
- رسم/ كيف تتخيل الحياة من غير مطر.
- صور متنوعة توضح ما يحدث إذا لم ينزل المطر على الأرض

لوحة (المطر رحمة وخير)
- صور مناظر جمالية تظهر أهمية المطر على سطح الأرض لجميع المخلوقات
- رسم يوضح يوم ماطر

أنشطة جماعية

قصتي مع المطر
- قصة مثيرة حدثت أثناء المطر
- قصة قوم عُذبوا بالفيضان

المطر والكوارث
- صور متنوعة لكوارث حدثت بسبب الأمطار الغزيرة

درس في مادة الفقه / الصف السادس : موضوع الحج.

*تأمل الصور أمامك ثم فكر ما الرابط بينها ؟ (منطقي)

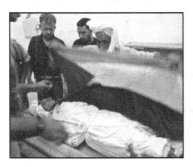  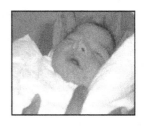

- عرض مقطع فيديو عن الحج مع أنشودة في أطهر أرض قلبي ثم استنتاج موضوع الدرس.

- عرض آية قرآنية مرتلة بصوت حسن.

- من خلال الآية استنتاج حكم الحج إلى بيت الله.

- بم تذكرك كلمة الحج وما هي الصور التي تتبادر لذهنك حين سماعها؟

بم تذكرك كلمة حج ؟

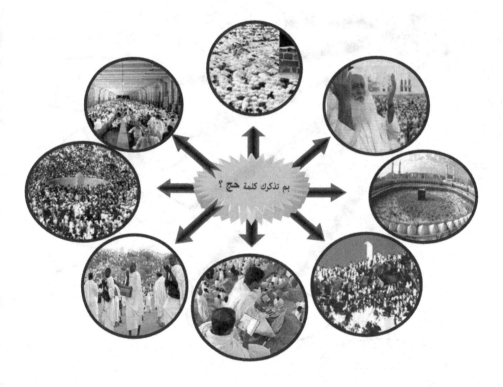

ذكاء منطقي: لماذا نحج لبيت الله تعالى؟ (عرض فلاش يا عرب يا عجم)

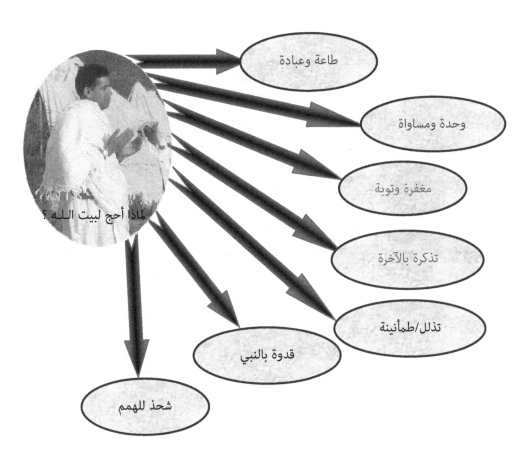

ذكاء بصري:

تأمل هذه الصورة المتحركة للكعبة بتركيز وانتباه

- ما الذي يلفت انتباهك عند رؤية الكعبة؟
- ما شعورك حين دخول البيت الحرام ؟ (ذاتي)؟
- ما الحكمة من الطواف حول الكعبة؟ (منطقي)؟
- ما موقع الحجر الأسود بالنسبة لباب الكعبة ؟

- هل لاحظت يوماً ما هي الآيات والعبارات الموجودة على ستار الكعبة ؟
- أين هو موقع الكعبة بالنسبة للمسلم حين الطواف ؟ لماذا !!!!
- في أي اتجاه كان طواف المسلم حول الكعبة (دوران عقارب الساعة أم عكسها) ؟
- لماذا هو عكس اتجاه عقارب الساعة ؟
- هل لاحظت في الكون حولك أشياء أخرى تدور عكس عقارب الساعة ؟

عرض فلاش لكيفية الطواف حول الكعبة : (تدون كل مجموعة من الطلاب معلومات عما تم متابعته في الفلاش)

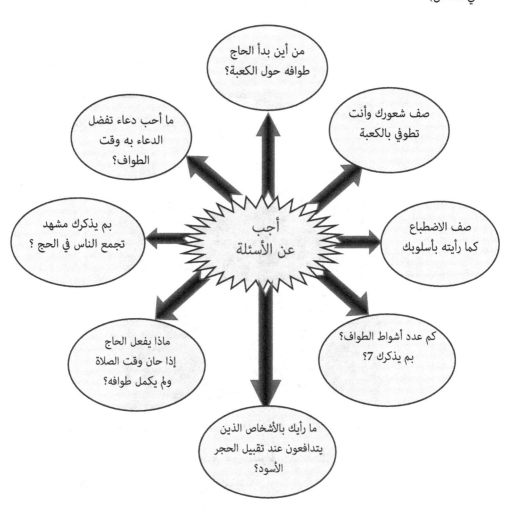

- حاج لم يحرم من الميقات ماذا يفعل ؟
- حاج انقطع وضوءه أثناء الطواف ماذا يفعل ؟

كل مجموعة تفكر في حل مشكلة (منطقي)

- ما الحل المقترح للتقليل من الحوادث التي تقع أثناء تأدية الحجاج لمناسكهم ؟

- اقترح حلولا للحد من كثرة ازدحام المسلمين عند الحجر الأسود .

- اقترح حلولا للتقليل من الأخطاء التي يقع فيها الحجاج في أداء المناسك.

دقق النظر في الحروف الموجودة داخل كل مثلث لتتوصل لأنواع النسك الثلاثة في الحج:

دقق النظر في الحروف الموجودة أمامك لتتوصل لمواقيت الحج الزمانية

ش	ذ	د	ة	م
ل	ع	ح	و	ل
ق	ا	ا	و	ج
و	ق	ا	ة	ي
ت	ذ	ل	و	ا

المواقيت الزمانية :

- شوال
- ذو القعدة
- ذو الحجة

- تأليف أنشودة ووضع إيقاع لها تجمع أركان الحج وواجباته وكيفية أداء الحج.
- اتبع الخط الخارج من كل ميقات إلى نهايته في الجانب الآخر للتوصل إلى ميقات كل بلد :(بصري)

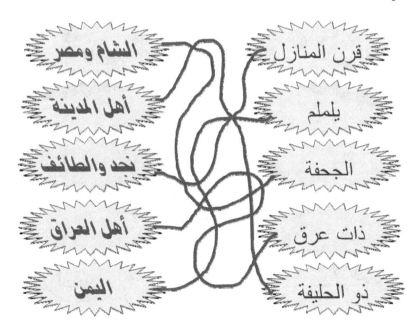

- أكمل الفراغات في الشبكة التي أمامك بالحروف الناقصة باستخدام المفاتيح المعطاة

١- بمعنى الإسراع في المشي
٢- سور هلالي عند جدار الكعبة الشمالي
٣- يوم الثامن من ذي الحجة
٤- بمعنى التلبية
٥- الأيام ١١و١٢و١٣ من ذي الحجة أيام

١	ا		ر		
٢			ح		
٣	ت				ة
٤	إ			ب	
٥		ش			ق

١	ا	ل	ر	م	ل
٢	ا	ل	ح	ج	ر
٣	ت	ر	و	ي	ة
٤	إ	ج	ا	ب	ة
٥	ت	ش	ر	ي	ق

- حرفي المفضل (لغوي):

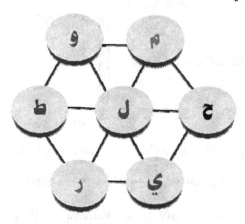

- يتم اختيار حرف من قبل الطالب وهو المفضل لديه بشرط أن تكون جميع إجاباته بنفس هذا الحرف المفضل وعلى سبيل المثال الميم وتطرح أسئلة مرتبطة بموضوع الدرس.

م

أجيب عن جميع الأسئلة شرط أن تبدأ بهذا الحرف

يبيت بها الحاج أيام التشريق	منى
الموضع الذي يحرم منه الحاج للحج	ميقات
أمور إذا فعلها المحرم متعمداً عليه الفدية	محظورات
يصلي خلفه الحاج ركعتين بعد الطواف	مقام إبراهيم
ينتقل إليها الحاج بعد الوقوف في عرفة	مزدلفة

ح

أجيب عن جميع الأسئلة شرط أن تبدأ بهذا الحرف

يبدأ الحاج الطواف حول الكعبه عنده	الحجر الأسواد
يفعله الحاج للتحلل من إحرامه	الحلق
معناه لغة القصد	الحج
لا يصح الطواف إلا من خارجه	حجر إسماعيل
مسمى الحجة التي حجها رسول الله ﷺ	حجة الوداع

ذكاء حركي: (حقيبة العجائب)-

توضع في حقيبتين مجموعة متنوعة مـن الحاجيـات والمسـتلزمات الخاصـة بالمحرم وعلى كل مجموعة تصنيف هـذه الحاجيات حسب يسمح للمحـرم ومـا لا يسمح.

نظارات طبية / عطر / ساعة يد / مناديل ورقية / شماغ/ قراضة أظافر/ دواء الضغط/ زجاجة ماء / ثوب أبيض/ السواك/ محفظة النقود/ مظلة شمسية/مشط/ قلم/ طاقية/

(سباق خيري) :

يحمل طالبان لوحتين إحداها لأركان الحج وأخرى لواجباته وتوزع مجموعة من البطاقات التي كتب عليها أحد أركان الحج أو أركانه مثبتة على استاندات موزعة على طول مكان السباق الموصل للوحتين الأساسيتين.

تقوم مجموعتين من الطلاب بالاصطفاف يحمل الأول صندوقين كرتون مقوى يعمل على التنقل بواسطتها وحمل بطاقة ثم الوصول بها لخط النهاية حيث اللوحة المناسبة لها ثم يسلم الصندوقين للطالب الذي يليه.

أنشطة جماعية

أعد ألبوماً موثقاً يحوي صوراً وأحداث الحج لهذا العام

ارجع إلى الإحصائيات العامة لمدة عشر سنوات سابقة وأعد رسماً بيانياً لأعداد الحجاج خلالها

أعد دليلاً مبسطاً يمكن للحاج الرجوع إليه لمعرفة مناسك الحج بشكل علمي مقنن باستخدام خرائط المعرفة

بالتعاون مع مجموعتك

أعد تقريراً مفصلاً لأحداث ومجريات الحج لهذا العام بالرجوع للمصادر الموثوقة؟

أعد لقاء صحفياً مع شخصية أدت فريضة الحج هذا العام مع التركيز على أهم الصعوبات التي واجهتها

أعد جدول مقارنة بين الحج لهذا العام والحج قبل خمس سنوات مضت من حيث التطور في الخدمات المقدمة للحجاج

ذكاء...

ذهب رجل إلى بنك في مدينة نيويورك وطلب مبلغ 5000 دولار كإعارة من البنك. يقول انه يريد السفر إلى أوروبا لقضاء بعض الأعمال. البنك طلب من الرجل ضمانات لكي يعيد المبلغ، لذا فقد سلم الرجل مفتاح سيارة الرولزرويز الى البنك كضمان مالي!! رجل الأمن في البنك قام بفحص السيارة وأوراقها الثبوتية ووجدها سليمة. وبهذا قبل البنك سيارة الرولز رويز كضمان.

رئيس البنك والعاملون ضحكوا كثيرا من الرجل ، لإيداعه سيارته الرولز رويز والتي تقدر بقيمة 250.000 دولار كضمان لمبلغ مستدان وقدره 5000 دولار. وقام أحد العاملين بإيقاف السيارة في مواقف البنك السفلية.

بعد أسبوعين، عاد الرجل من سفره وتوجه إلى البنك وقام بتسليم مبلغ 5000 دولار مع فوائد بقيمة 15.41 دولار.

مدير الإعارات في البنك قال: سيدي، نحن سعداء جدا بتعاملك معنا، ولكننا مستغربين أشد الاستغراب!! لقد بحثنا في معاملاتك وحساباتك وقد وجدناك من أصحاب الملايين! فكيف تستعير مبلغ وقدرة 5000 دولار وأنت لست بحاجة إليها؟؟.

رد الرجل وهو يبتسم : سيدي، هل هناك مكان في مدينة نيويورك الواسعة أستطيع إيقاف سيارتي الرولزرويز بأجرة 15.41 دولار دون أن أجدها مسروقة بعد مجيئي من سفري؟؟؟ .

درس في مادة الرياضيات جدول ضرب رقم 5

- كم عدد أصابع اليد الواحدة لديك ؟
- كم عدد أصابع يديك ورجليك؟
- يقوم الطلاب بعد البلاط في غرفة الصف بوضع بطاقات مرقمة وكلما مروا على أحد مضاعفات الرقم (5) دونوها بلون أحمر وهو يرددونها بصوت عالي. (حركي جماعي)
- يتم إعادة العد مرة أخرى وكلما وصلوا على أحد مضاعفات الـ(5) قاوموا بالتصفيق مع ذكر العدد (إيقاعي)
- يتم توزيع هذا الشكل الهرمي ويطلب من التلاميذ تلوين الأجزاء الخاصة بجدول الرقم (5) مع الترديد الصوتي.

١٠×١٠ = ١٠٠									
٩×١٠ = ٩٠	٩×٩ = ٨١								
٨×١٠ = ٨٠	٨×٩ = ٧٢	٨×٨ = ٦٤							
٧×١٠ = ٧٠	٧×٩ = ٦٣	٧×٨ = ٥٦	٧×٧ = ٤٩						
٦×١٠ = ٦٠	٦×٩ = ٥٤	٦×٨ = ٤٨	٦×٧ = ٤٢	٦×٦ = ٣٦					
٥×١٠ = ٥٠	٥×٩ = ٤٥	٥×٨ = ٤٠	٥×٧ = ٣٥	٥×٦ = ٣٠	٥×٥ = ٢٥				
٤×١٠ = ٤٠	٤×٩ = ٣٦	٤×٨ = ٣٢	٤×٧ = ٢٨	٤×٦ = ٢٤	٤×٥ = ٢٠	٤×٤ = ١٦			
٣×١٠ = ٣٠	٣×٩ = ٢٧	٣×٨ = ٢٤	٣×٧ = ٢١	٣×٦ = ١٨	٣×٥ = ١٥	٣×٤ = ١٢	٣×٣ = ٩		
٢×١٠ = ٢٠	٢×٩ = ١٨	٢×٨ = ١٦	٢×٧ = ١٤	٢×٦ = ١٢	٢×٥ = ١٠	٢×٤ = ٨	٢×٣ = ٦	٢×٢ = ٤	
١×١٠ = ١٠	١×٩ = ٩	١×٨ = ٨	١×٧ = ٧	١×٦ = ٦	١×٥ = ٥	١×٤ = ٤	١×٣ = ٣	١×٢ = ٢	١×١ = ١

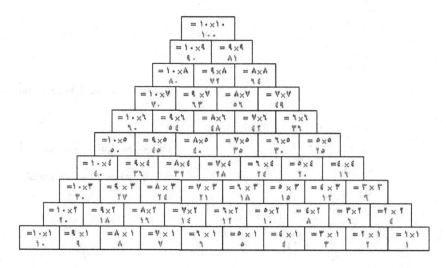

- يتم كتابة جدول ضرب (5) على كرات ملونة ويتم نثرها بعض الكرات تحمل العملية والأخرى تحمل الإجابات ,ويطلب من الطلاب مطابقة العملية مع الإجابة الصحيحة كل طالبين معا (حركي = اجتماعي)

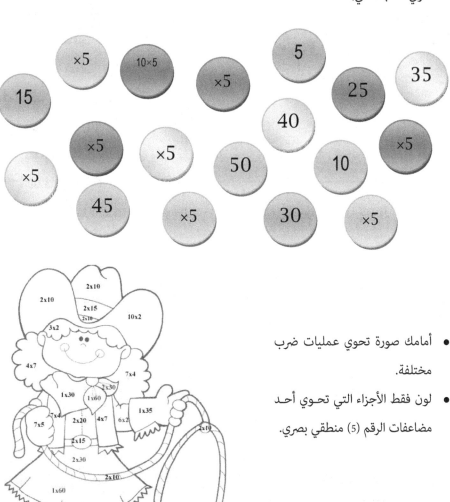

- أمامك صورة تحوي عمليات ضرب مختلفة.
- لون فقط الأجزاء التي تحـوي أحـد مضاعفات الرقم (5) منطقي بصري.

متاهة الضرب (8 , 7 , 6 , 5)

كلب وثور وببغاء وبومة حصور داخل المتاهة ويريد كل منهم اللعب بأحد الألعاب . كل منهم سيتبع أحد جداول الضرب 5 أو 6 أو 7 أو 8 ليلعب واحدة من الألعاب . سيستطيعون التحرك أفقياً أو عمودياً فقط . ساعدهم بتلوين طريق كل منهم واكتشف اللعبة التي يريد كل منهم اللعب بها. كن منتبهاً لأن هناك العديد من الطرق الخاطئة. (منطقي - بصري)

66	60	7	14	21	28	35	42	49	55	60	65	70	75	80	85	90	95	100	105	110	115	120	125	130
72	54				91	98	105	56	50	64	72	80	88	96	104	112	120	128	136	144	152	208	200	135
42	48				84	77	70	63	45	56	176	168	160	152	144	136	128	190	205	200	160	216	192	140
36	6				8	16	24	32	40	48	56	64	72	80	88	96	136	185	190	195	168	176	184	145
30	12	10	5	10	15	20	25	30	35	72	80	88	128	120	112	104	144	180	175	170	165	160	155	150
24	18	15				25	40	48	56	64	120	96	136	144	152	160	152	160	168	176	184	192	200	155
30	12	6				8	32	56	63	70	112	104	112	120	128	136	225	230	235	240	192	190	185	160
36	80	75				16	24	49	110	115	120	125	130	135	140	144	220	215	210	205	200	195	180	165
42	85	70	7	14	21	28	35	42	105	120	128	136	135	150	145	152	225	230	272	264	208	200	175	170
48	90	65	14	35	42	49	42	95	100	125	130	145	140	308	301	294	287	235	280	256	216	288	296	304
54	95	60	21	28	77	56	49	90	155	150	135	150	322	315			280	240	245	248	224	280	272	264
60	100	55	84	77	70	63	80	85	90	145	140	155	266	270			273	256	248	240	232	240	248	256
66	104	50	55	60	65	70	75	100	95	170	165	160	259	264	252	259	266	264	186	192	198	204	210	216
72	96	45	98	91	84	77	80	185	180	175	240	235	252	258	245	238	231	272	180	301	308			222
78	88	40	105	182	175	84	85	190	215	220	225	230	245	252	259	266	273	280	287	294	258			228
84	80	35	112	189	168	91	90	195	210	217	224	231	238	246	240	234	228	288	294	368	252	246	240	234
90	72	30	119	196	161	98	105	200	205	210	215	220	232	224	210	216	222	296	301	360	368	376	384	125
96	64	25	126	203	154	161	112	119	126	203	240			216	204	168	312	304	308	352	145	140	135	130
102	56	20	133	140	147	168	175	182	189	196	232			208	198	176	320	328	336	344	150			135
40	48	15	42	35	28	35	42	49	56	63	224	216	208	200	192	184	328	400	392	384	155			416
32	5	10	49	56	21	32	24	16	8	70	77	84	91	98	186	176	336	408	416	376	160	165	170	408
24				7	14	7				60	55	40	35	105	180	174	344	352	360	368	376	384	392	400
16				48	54	60				5	50	45	30	112	119	168	162	156	150	144	138	132	126	120
8				42	36	30				10	15	20	25	30	126	133	140	147	154	161	168	175	182	114
16	24	32	6	12	18	24	6	12	18	24	30	36	42	48	54	60	66	72	78	84	90	96	102	108

يتبع جدول ضرب لـ ....

ليلعب ....

يتبع جدول ضرب لـ ....

ليلعب ....

يتبع جدول ضرب لـ ....

ليلعب ....

يتبع جدول ضرب لـ ....

ليلعب ....

- تأليف نشيد على جدول ضرب (5) وتلحينه وترديده وتقسيم جزئياته على مجموعات الصف كل مجموعة تذكر جزء منه . (إيقاعي - اجتماعي)

بالتعاون مع مجموعتك تأمل بطاقات العبارات التالية واختر البطاقات التي تحوي مضاعفات الرقم (5) واستخدمها لتأليف قصة من خيالك بأسلوب مشوق . (لغوي - اجتماعي).

6 زهرات	10 عصافير	15 شجرة	12 طالب	5 فراشات
25 سيارة	24 علم	20 نحلة	30 قلم	16 قاطرة
50 ريالاً	40 دجاجة	32 برتقالة	35 صندوقاً	45 كتاباً

يتم تقسيم الطلاب على مجموعتين ثم يقوم المعلم بعرض بطاقة تحوي أحد عمليات جدول ضرب (5) ثم يتفق الفريق على الإجابة ثم يقوم بتشكيل العدد جسدياً حسب الإجابة . (حركي اجتماعي).

استخدام طريقة حفظ الجداول باستخدام الأصابع كما في الصورة الموضحة أدناه لجداول الضرب المتنوعة

(حركي بصري منطقي).

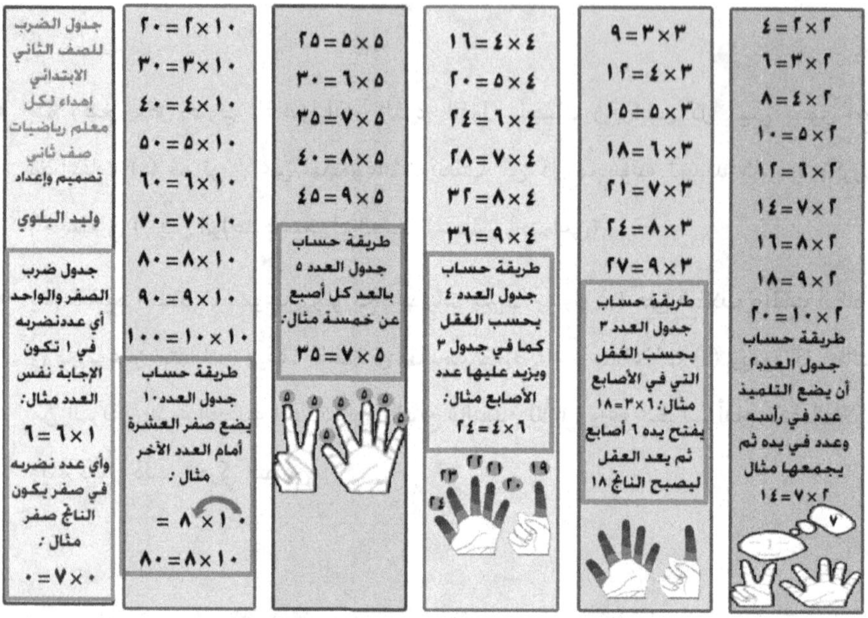

جدول العدد 2	جدول العدد 3	جدول العدد 4	جدول العدد 5	جدول العدد 10	جدول الضرب للصف الثاني الابتدائي

جدول العدد ٢:

٢×٢=٤
٣×٢=٦
٤×٢=٨
٥×٢=١٠
٦×٢=١٢
٧×٢=١٤
٨×٢=١٦
٩×٢=١٨
١٠×٢=٢٠

طريقة حساب جدول العدد٢ أن يضع التلميذ عدد في رأسه وعدد في يده ثم يجمعها مثال
٧×٢=١٤

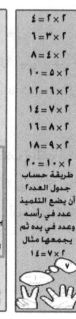

جدول العدد ٣:

٣×٣=٩
٤×٣=١٢
٥×٣=١٥
٦×٣=١٨
٧×٣=٢١
٨×٣=٢٤
٩×٣=٢٧

طريقة حساب جدول العدد ٣ بحسب العقل التي في الأصابع مثال:٦×٣=١٨ يفتح يده ٦ أصابع ثم بعد العقل ليصبح الناتج ١٨

جدول العدد ٤:

٤×٤=١٦
٥×٤=٢٠
٦×٤=٢٤
٧×٤=٢٨
٨×٤=٣٢
٩×٤=٣٦

طريقة حساب جدول العدد ٤ يحسب العقل كما في جدول ٣ ويزيد عليها عدد الأصابع مثال:
٢٤=٤×٦

جدول العدد ٥:

٥×٥=٢٥
٦×٥=٣٠
٧×٥=٣٥
٨×٥=٤٠
٩×٥=٤٥

طريقة حساب جدول العدد ٥ بالعد كل أصبع عن خمسة مثال:
٣٥=٧×٥

جدول العدد ١٠:

٢×١٠=٢٠
٣×١٠=٣٠
٤×١٠=٤٠
٥×١٠=٥٠
٦×١٠=٦٠
٧×١٠=٧٠
٨×١٠=٨٠
٩×١٠=٩٠
١٠×١٠=١٠٠

طريقة حساب جدول العدد١٠ يضع صفر العشرة أمام العدد الأخر مثال:
= ٨×١٠
٨٠=٨×١٠

جدول الضرب للصف الثاني الابتدائي إهداء لكل معلم رياضيات صف ثاني تصميم وإعداد وليد البلوي

جدول ضرب الصفر والواحد أي عددنضربه في ١ تكون الإجابة نفس العدد مثال:
٦=١×٦
وأي عدد نضربه في صفر يكون الناتج صفر مثال:
٠=٧×٠

• انظر إلى الكون من حولك وحاول أن تجد من محتوياته أشياء ومخلوقات تحوي مضاعفات العدد (5) طبيعي.

مثل عدد بتلات الوردة - عدد العصافير على الشجرة- عدد الأشجار في الحديقة-.........

• يتم طمس بعض الإجابات أو العمليات في هذه الصورة ويقوم الطالب بتعبئتها بالتعاون مع مجموعته.

(منطقي اجتماعي)

- يتم وضع بعض حبوب الفاصولياء – الذرة- الفول المجفف في أكياس كل كيس يحوي أحد مضاعفات (5) ثم توزع على المجموعات ويطلب من كل مجموعة تحديد كم مرة تكررت الخمسة في الكيس الواحد باستخدام العد . (منطقي اجتماعي)

- يتم تقسيم الطلاب لمجموعتين وتوزيع عمليات ضرب جدول (5) على الطلاب ويقف الطلاب في مجموعتين متقابلتين ويقف المعلم في المقدمة ليعرض أحد مضاعفات (5) ويقوم كل طالب من الفريقين لديه العملية التي تساوي الناتج بالتقدم للأمام ورفع العملية أمام بقية الطلاب، ويتم تكرار ذلك. (حركي منطقي)

إجابات الأنشطة الواردة في أنواع الذكاء

اللفظي :

رقم (1)

- لحم / محل
- سفن / نفس
- أرق / قرأ
- سمن / نمس
- كرب/ برك
- بحر / رحب
- رطب/ بطر
- سبع / عبس
- ربو / وبر
- ألم / ملأ
- صقر/ رقص
- عسل / لسع

رقم (2)

- (مالي أو أملاكي)

رقم (3)

- إن قبر الملك شماله السعودية.

رقم (4)

- لبنان / فيل (فل)

رقم (5)

- الياقوت.

رقم (6)

- المستعمرات

رقم (7)

- ألذ حاجة في الثلاجة التفاحة.

رقم (8)

- تقرأ الأبيات أفقياً وعمودياً.

رقم (9)

- الوليد بن عبد الملك.
- ابن الهيثم.
- ليبيا.
- النعام.

رقم (10)

لحم – حمل- ملح- رحم – رمل – عمر- مرح – حرم – حلم – رمح

رقم (11)

- جميع الكلمات لا تحوي نقط .

رقم (12)

- أسماء لحيوانات وأبنائها :

النعام : الرأل / الفيل : الدغفل / الخنزير : الخنوص / الضبع : الفرغل.

رقم (13)

		م		ح		
	ح	ل	ا	ص	م	
ل	ب	ح		د	ق	ر
	ا				ا	
ر	س	ن		م	ل	س
	م	ع	ا	ر	ب	
		م		ق		

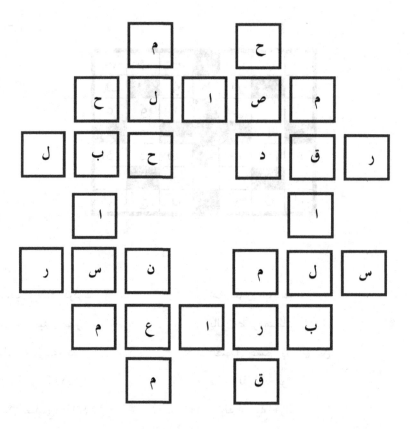

رقم (14)

- كلمة درب

رقم (15)

- المحادثة : المناقشة

رقم (16)

- الرأسمالية

رقم (17)

ك	ي	ك		ل	ي	ف
ل		ن	ط	و		هـ
ب	ر	س		ز	و	م
	ا				ش	
غ	س	ق		س	م	ش
ز		د	و	ي		ج
ل	ل	م		ل	ج	ر

رقم (18)

1- مدينة عراقية : كركوك

2- دولة عربية :مصر

3- عاصمة عربية : دمشق

4- عملة عربية : دينار

5- شكل هندسي: دائرة

6- عالم عربي: ابن سينا

7- بالون طائر: منطاد

8- عضو في جسم الإنسان سن

9- فاكهة لذيذة : موز

10- دولة أوربية :فرنسا

رقم (19)

• كلمات تنتهي بحرف (ر):

خرير -حرير – مسرور- مستور- مقهور- مهجور- نهار- جرار- فرار- نهر- بحر- صخر- حجر........

رقم (20)

• طاعة الـلـه والوالدين

رقم (21)

• العبارة تقرأ من اليمين ومن اليسار بنفس الطريقة

رقم (22)

الحرف	بالمنزل	بالسيارة	بجسم الإنسان	بالمدرسة
ق	قدر	قفل	قدم	قلم
ك	كنب	كرسي	كف	كتاب
م	ملعقة	مقود	معدة	مختبر
ب	.....	.....	.....	.....
ح	.....	.....	.....	.....

القسم المنطقي:

رقم (1)

رقم (2)

• الساعة السابعة تماماً. فعقرب الساعات يتراجع نقطتين والدقائق يتقدم نقطتين.

رقم (3)

• 25 لأن الأرقام تتزايد بإضافة 1-2-3-4-5.....

رقم (4)

7	-	5	-	2	0
×		+		+	
1	+	4	×	8	40
×		×		×	
9	+	3	×	6	72
63		27		60	

رقم (5)

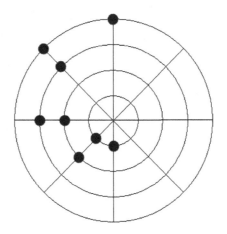

رقم (6)

• الجواب 6

رقم (7)

- 10 = 6 - 5 + 4 - 3 +12

رقم (8)

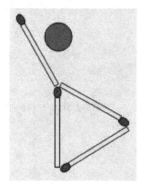

رقم (9)

- 17 القاعدة : العدد×2 -1

رقم (10)

- الدائرة المفرغة فقط على هذا الشكل عند رأس المثلث

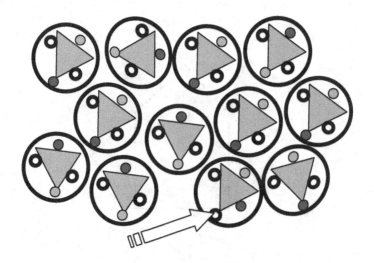

رقم (11)

• 12 / كل عددين متقابلين متتاليين

رقم (12)

• 2/ عدد النقاط السوداء متتالي :5-6-7-8-9

رقم (13)

• الإجابة : 16///   2 -4 – 7 – 11- 16   : يزداد 2-3-4-5

رقم (14)

• B

رقم (15)

• (د)

رقم (16)

• (و)

رقم (17)

رقم (18)

- ينقص الميزان مرساة

رقم (19)

- 17 يوم

رقم (20)

رقم (21)

يقوم الرجل بتقطيع السبيكة إلى 3 قطع كالتالي (القطعة الأولى زنة 1 كيلو و الثانية زنة 2 كيلو و الأخيرة زنة 4 كيلو طبعاً).

يعطى الرجل العامل القطعة زنة 1 كيلو.

وفي اليوم التالي يعطيه القطعة زنة 2 كيلو و يأخذ منه قطعة اليوم السابق (زنة 1 كيلو).

وفي اليوم الثالث يعطيه القطعة زنة 1 كيلو مرة أخرى و لا يأخذ منه شيء.

وفي اليوم الرابع يعطيه القطعة الكبيرة زنة 4 كيلو و يأخذ من القطعتين 1 و 2 كيلو.

وفي اليوم الخامس يعطيه القطعة زنة 1 كيلو و لا يأخذ منه شيء.

وفي اليوم السادس يعطيه القطعة زنة 2 كيلو و يأخذ منه القطعة زنة 1 كيلو.

وفي اليوم السابع يعطيه القطعة زنة 1 كيلو و لا يأخذ منه شيء.

رقم (22)

7	3	6	4	2	8	9	5	1
9	1	5	3	6	7	2	8	4
4	8	2	1	5	9	7	6	3
6	2	1	8	9	3	5	4	7
3	4	8	2	7	5	1	9	6
5	9	7	6	4	1	8	3	2
8	5	3	7	1	4	6	2	9
2	7	9	5	3	6	4	1	8
1	6	4	9	8	2	3	7	5

رقم (23)

• الجواب (10)

رقم (24)

3	6	2	6	5	6
5	1	3	6	2	2
5	6	1	6	4	3
6	2	6	5	1	5
1	1	4	1	3	5
3	3	5	2	6	5

رقم (25)

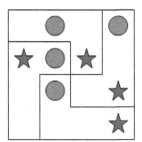

رقم (26)

رقم (27)

B •

رقم (28)

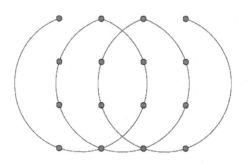

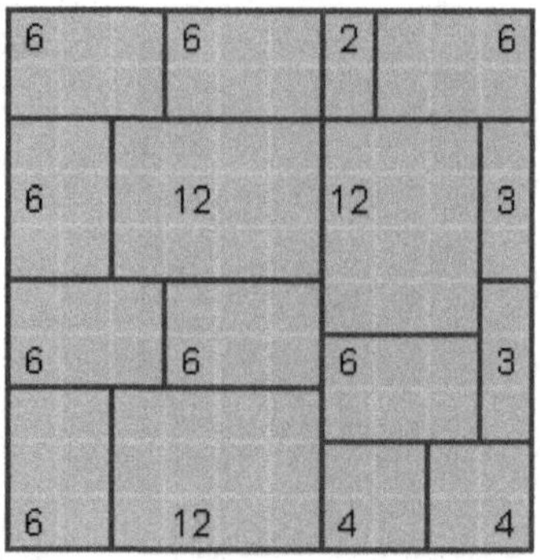

رقم (29)

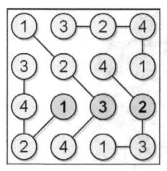

القسم البصري:

رقم (1)

- عدد الأيدي 17

رقم (2)

- عبارة Bad eyes

رقم (3)

- رقم 5 يوجد دائرة صغيرة أعلى الباب الأيسر.

رقم (4)

- رقم 8 تحوي علامة في الوسط .

رقم (5)

- نفس الحجم.

رقم (6)

- يمين على طرف الطاولة.

رقم (7)

- يظهر وجه آخر مختلف

رقم (8)

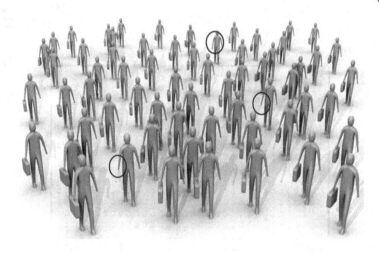

رقم (12)

• اختفت الإضاءة في الصورة الثانية

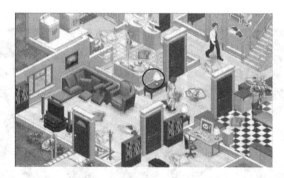

رقم (13)

• (5)

رقم (15)

•

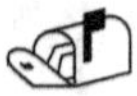

رقم (17)

•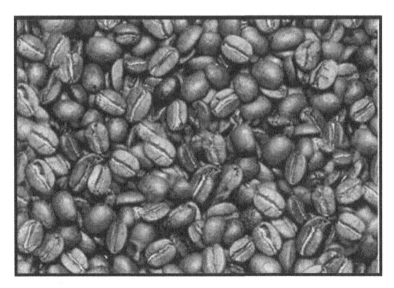

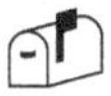

رقم (18)

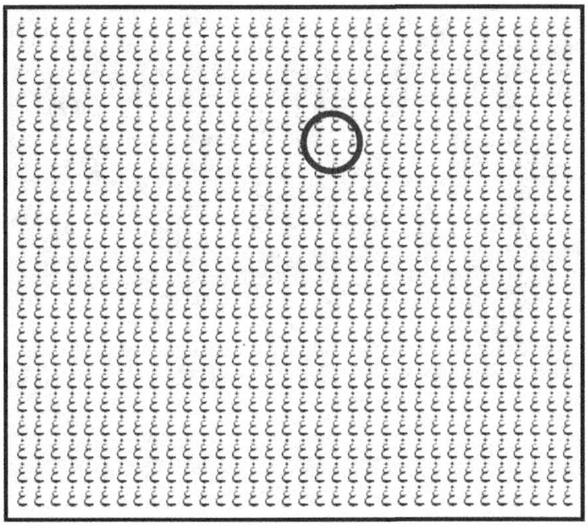

رقم (19)

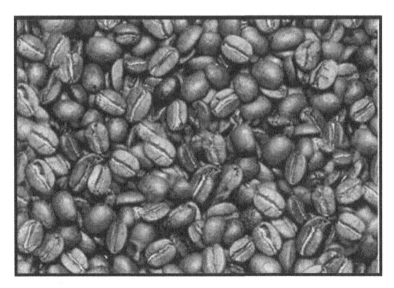

رقم (20)

- رقم 4 يحوي شريحتي لحم وزيتونة واحدة والبقية عدد الزيتون متطابق مع عدد شرائح الخبز أو اللحم.

رقم (21)

رقم (22)

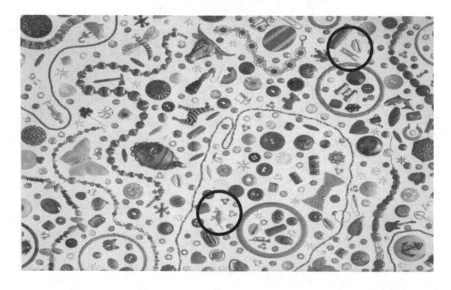

رقم (23)

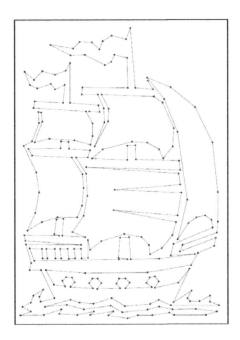

رقم (24)

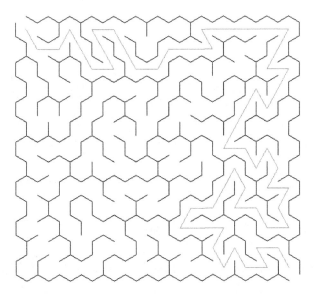

رقم (25)

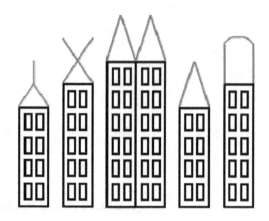

رقم (26)

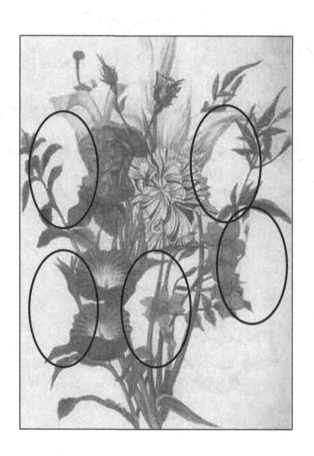

رقم (26)

- 2 و 6

رقم (27)

- B

رقم (28)

E

الباب مفتوح بالاتجاه المعاكس ناحية المقبض.

يقول أليكسندر أزبورن (Osborn)

كل منا لديه مصباح علاء الدين , وإذا استطاع تشغيل هذا المصباح سوف يضيء لنا الطريق لتكون حياتنا أفضل .

الخاتمــة

على الرغم من الحيز الكبير الذي لاقاه الاهتمام بذكاء الإنسان وطاقاته البشرية التي وهبه الله إياه، وعلى الرغم من ظهور العديد من النظريات والبرامج التي تسعى لتوسيع نطاق الإمكانات البشرية، على الرغم من كل هذه الجهود يبقى ما استطاع الإنسان الوصول إليه في هذا المجال محدود جداً، وما يزال العلم يطالعنا بين الفينة والأخرى بنظريات جديدة تنطلق بنا لآفاق واسعة و تضعنا بين جوانب كنا نجهلها عن قدرات هذا الكائن البشري العجيب.

إن أعجب العجب أن تبقى لدى الإنسان طاقات جبارة وإمكانات متميزة وقدرات هائلة مستقرة في أعماقه دون أن يدرك أهمية توظيفها وإخراجها إلى حيز الواقع .

بل العجب كل العجب أن نفسح المجال لذلك المعلم الذي يستمتع بالوقوف أمام طلابه وقبل الشروع في عملية ضخ كم المعلومات المطلوب منه ضمن المنهج المدرسي لا يطمئن قلبه قبل أن يصل لحد اليقين في أن الطلاب الماثلين أمامه قطع متجمدة لا يمكنها أن تصدر صوتا ولا تؤتي حراكاً .

إننا بحاجة ماسة لمثل نظرية الذكاء المتعدد التي تجعل المرء يعيش في فضاء رحب يضج بالمشاعر والانفعالات والحركة والمنطق والتعابير والإيقاع والألوان والصور والتعايش مع الآخرين .

ولعلنا من هذا المنطلق لسنا بحاجة لانتظار من يكتشف ما لدينا من طاقات وإمكانيات بل علينا الغوص في أعماقنا لاستخراج مكنوناتها و التعرف على طرق تعزيزها وتنميتها والوصول إلى مفاتيح نجاحنا والانطلاق إلى القمة دون تردد أو تخاذل

المـراجع والمصـادر

أولا- المراجع والمصادر العربية

1- أطر العقل: هوارد جاردنر، ترجمة د.محمد بلال الجيوسي. مكتب التربية العربي لدول الخليج . الرياض ط 2004 م

2- ادرس بذكاء وليس بجهد: كيفن بول . مكتبة جرير الطبعة الأولى 2006م .

3- الذكاءات المتعددة في غرفة الصف: ثوماس أرمسترونج. دار الكتاب التربوي للنشر والتوزيع، ترجمة مدارس الظهران – الطبعة الأولى 2006 م .

4- الذكاءات المتعددة والفهم :تنمية وتعميق. جابر عبد الحميد جابر. دار الفكر العربي، الطبعة لأولى 2003 م.

5- القدرات العقلية. فؤاد أبوحطب: (1980) القاهرة، مكتبة الأنجلو المصرية.

6- اختبارات الذكاء والقدرات العقلية بين التطرف والاعتدال ياسين ، عطوف (1981) بيروت، دار الأندلس.

7- اختبارات الذكاء والشخصية د. إسماعيل عبد الفتاح عبد الكافي 2001.

8- اختبار ذكاء الأطفال د. إجلال محمد يسري ط الثانية 1988م دار عالم الكتب القاهرة.

9- التدريس الصفي بالذكاءات المتعددة عزو عفانة، و نائلة الخزندار (2007م). عمان : دار المسيرة.

10- الذكاءات المتعددة والتحصيل الدراسي "المفاهيم ــ النظريات ــ التطبيقات" سعد الدمرداش، (2008م)..الإسكندرية:دار الوفاء لدنيا الطباعة والنشر .

11- التعلم المبني على الدماغ رؤى جديدة ... تطورات مبكرة فراس السليتي، (2008م). الأردن، أربد:عالم الكتب الحديث .

12- أثر برنامج في الذكاءات المتعددة لمعلمي العلوم في تنمية مهارات التدريس الإبداعي ومهارات حل المشكلة لدى تلاميذهم إبراهيم عبدالله ، (2006م). مجلة التربية العلمية، المجلد التاسع، العدد الرابع، ديسمبر 2006م، الجمعية المصرية للتربية العلمية، جامعة عين شمس .

13- أثر تقديم درس وفق الذكاءات المتعددة على التحصيل الدراسي سهيلة أبو السميد، (2008م).. مجلة القراءة والمعرفة، العدد الثامن والسبعون، مايو، الجمعية المصرية للقراءة والمعرفة، القاهرة: جامعة عين شمس.

14- العقل أولاً عشر طرق لتحقيق أقصى استفادة من قدراتك الطبيعية، توني بوزان ، (2005م) (ترجمة مكتبة جرير) . الرياض : مكتبة جرير.

15- الذكاءات المتعددة والفهم تنمية وتعميق جابر ، جابر (2003م) .. القاهرة : دار الفكر العربي.

16- الذكاء ومقاييسه جابر جابر (1980) القاهرة :دار النهضة العربية.

17- الذكاء المتعدد في القرن الحادي والعشرين. هوارد جاردنر ، (ترجمة : عبد الحكم الخزامي) (2005م) القاهرة : دار الفجر للنشر والتوزيع.

18- الذكاء المتعدد وتنمية الموهبة عبد الهادي حسين ، (2006م). دار الأفق : القاهرة.

19- الموهبة والتفوق والإبداع فتحي جروان ، (2008م).. عمان : دار الفكر.

20- أكثر من 1000 طريقة عملية للتدريس الناجح التدريس الفعال إيريك جنسن، (2006م)..(ترجمة : مكتبة جرير). الرياض : مكتبة جرير.

21- العادات العقلية وتنميتها لدى التلاميذ إبراهيم الحارثي، (1423 هـ).. الرياض : مكتبة الشقري .

22- التعليم والتعلم بمقاربة الذكاءات المتعددة أحمد أوزي 1999م.الرباط: الشركة المغربية للطباعة والنشر .

23- الذكاءات المتعددة وحل المشكلات لدى عينة من الأطفال المغاربة بالتعليم الأولي محمد أمزيان، (2004م). مجلة الطفولة العربية، العدد الثامن عشر، مارس، الجمعية الكويتية لتقدم الطفولة العربية، الكويت .

24- الأنشطة التعليمية المتكاملة لرياض الأطفال وقياس أثرها على تنمية كل من الذكاء المنطقي الرياضي والذكاء البصري المكاني ، إيمان أمين (2006م). مجلة دراسات في المنهاج، العدد (114) ، يونيو 2006م .

25- الاختبارات والمقاييس العقلية محمد خليفة بركات 1954م ..(دار مصر للطباعة :القاهرة.

26- أثر التدريس باستخدام الذكاءات المتعددة والقبعات الست و K.W.L في التحصيل والتواصل والترابط الرياضي لدى طالبات الصف الثالث المتوسط بمدينة مكة المكرمة. نيفين حمزة البركاتي، (2008م). رسالة دكتوراه غير منشورة، كلية التربية، قسم المناهج وطرق التدريس، جامعة أم القرى، مكة المكرمة .

27- استخدام استراتيجية الذكاء المتعدد في تدريس العلوم لدى معلم العلوم بالمملكة العربية السعودية، محمد الخالدي (2005 م) . مجلة دراسات في المناهج وطرق التدريس، العدد الثامن بعد المائة، نوفمبر ،2005 م.

28- أثر استخدام استراتيجيات الذكاءات المتعددة في تنمية التحصيل وعمليات العلم الأساسية والتفكير التوليدي في مادة العلوم لدى تلاميذ الصف الرابع الابتدائي نوال خليل، (2006م)، مجلة التربية العلمية، المجلد التاسع، العدد الثالث،

سبتمبر 2006م، الجمعية المصرية للتربية العلمية، كلية التربية، جامعة عين شمس.

29- استراتيجيات التدريس رؤية معاصرة لطرق التعليم والتعلم حسن زيتون، (2003) ، القاهرة : عالم الكتب.

30- الاتجاهات الحديثة في دراسة الذكاءات المتعددة "دراسة تحليلية في ضوء نظرية جاردنر محمد عبدالسلام سالم، (2000م)..المؤتمر العلمي الثامن،المجلد الأول، كلية التربية، جامعة حلوان،ص ص312-344 .

31- الذكاءات المتعددة وتعلم الرياضيات "نظرية وتطبيق". حمدان ممدوح الشامي، (2008م). القاهرة:مكتبة الأنجلو المصرية.

32- التنبؤ بالتحصيل الدراسي في ضوء نظريتي معالجة المعلومات والذكاءات المتعددة صلاح الدين الشريف ،(2001) ، مجلة كلية التربية، المجلد السابع عشر، العدد الأول، يناير2001 م،جامعة أسيوط.

33- أثر استخدام استراتيجيات الذكاءات المتعددة في تحصيل العلوم وبعض العمليات العقلية وبقاء أثر التعلم لتلاميذ الصف الخامس الأساسي ذوي صعوبات التعلم منير صادق، (2007م).. مجلة التربية العلمية،المجلد العاشر، العدد الأول، مارس2007 م، الجمعية المصرية للتربية العملية، جامعة عين شمس.

34- الذكاءات المتعددة طارق عبدالرؤوف عامر، (2008م)..القاهرة: دار السحاب للنشر والتوزيع .

35- الذكاءات المتعددة طارق عامر، وربيع محمد، (2008م). عمان : دار اليازوري العلمية للنشر والتوزيع .

36- أساليب التعلم وعلاقتها بالذكاءات المتعددة والتوجهات الدافعية والتخصص

الدراسي.زينب عبد العليم، (2002م).مجلة كلية التربية بنها، المجلد الثاني عشر، العدد 53 ، أكتوبر2002 م.

37- استراتيجيات التدريس في القرن الحادي والعشرين دليل المعلم والمشرف التربوي، ذوقان عبيدات سهيلة وأبو السميد، (2005 م).. عمان: دار ديبونو للنشر والتوزيع.

38- أساليب تعلم طالبات كلية التربية للبنات وفق نظرية الذكاءات المتعددة بالمملكة العربية السعودية بمحافظة جدة سوسن عز الدين، وفاء العويضي، (2006م). مجلة القراءة والمعرفة، العدد السادس والخمسون، يوليو2006 م، الجمعية المصرية للقراءة والمعرفة،كلية التربية، جامعة عين شمن : القاهرة.

39- الاستراتيجيات الحديثة في التدريس الفعال محسن علي عطية، (2008م).. عمان: دار صفاء للنشر والتوزيع .

40- استراتيجيات الذكاءات المتعددة وعلاقتها ببعض المتغيرات لدى الطلبة المعلمين تخصص رياضيات بغزة. عزو عفانة، و نائلة الخزندار، (2003م). بحث مقدم في المؤتمر العلمي الخامس عشر مناهج التعليم والإعداد للحياة المعاصرة 21-22 يوليو2003 م، المجلد الثاني، الجمعية المصرية للمناهج وطرق التدريس جامعة عين شمس دار الضيافة : القاهرة.

41- الذكاء المتعدد في غرفة الصف النظرية والتطبيق محمد بكر نوفل،2007 (م).. عمان: دار المسيرة للنشر والتوزيع والطباعة.

42- الإبداع ماهيته . اكتشافه . تنميته زيد الهويدي، (2004م). العين: دار الكتاب الجامعي.

43- أساليب الكشف عن المبدعين والمتفوقين زيد الهويدي، ومحمد جمل، (2003) العين : دار الكتاب الجامعي .

44- أثر برنامج مقترح قائم على نظرية الذكاءات المتعددة في تحصيل مادة العلوم

ومهارات التفكير الناقد لدى طلاب الصف الثاني المتوسط. إبراهيم محمد اللزام، (2008م). رسالة دكتوراه غير منشورة، قسم المناهج وطرق التدريس، كلية التربية، جامعة الملك سعود، الرياض.

45- الفروق الفردية في الذكاء: د. سليمان الخضيري الشيخ 1990، دار الثقافة للطباعة والنشر بالقاهرة.

46- أثر برنامج قائم على الذكاءات المتعددة لتنمية مهارات التفكير الابتكاري والتحصيل الدراسي لدى طلاب الثانوية التجارية : أحمد محمد أبو الخير أحمد -2010م . القاهرة رسالة ماجستير.

47- بناء القدرات الدماغية : تأليف آرثر وينتر-روث وينتر /ترجمة كمال قطماوي- مروان قطماوي ط1 دار الحوار للنشر والتوزيع 1996م.

48- تطوير قائمة رصد للسمات السلوكية الدالة على الذكاءات المتعددة للتعرف على الطلبة الموهوبين في الصف الثالث الابتدائي بمملكة البحرين سيد صلاح علوي سلمان، (2007م).. رسالة ماجستير غير منشورة،كلية الدراسات العليا، جامعة الخليج العربي ، البحرين .

49- تنمية التفكير من خلال المنهج المدرسي رشيد النوري البكر (1428ه).. الرياض: مكتبة الرشد.

50- تنمية وتدريس الذكاءات المتعددة للأطفال سوسن شاكر مجيد، (2009م) عمان:دار صفاء للنشر والتوزيع .

51- تعليم التفكير إبراهيم الحارثي، (1420 ه).. الرياض: مدارس الرواد.

52- توظيف الذكاء المتعدد باستخدام استراتيجيات مقترحة لتعليم العلوم في تعليم المفاهيم العلمية لتلاميذ المرحلة الإعدادية المهنية. ، سنية الشافعي (2004م).

مجلة التربية العلمية، المجلد السابع، العدد الرابع، الشهر ديسمبر، 2004 م، الجمعية المصرية للتربية العلمية، كلية التربية، جامعة عين شمس.

53- عزز قدراتك العقلية إلى أقصى حد. فيليب كارتر وكين راسل، مكتبة جرير، الطبعة الأولى 2005م .

54- كيف نوظف أبحاث الدماغ في التعليم : إيريك جنسن. دار الكتاب التربوي للنشر والتوزيع، ترجمة مدارس الظهران – الطبعة الأولى 2001 م .

55- سيكولوجية الفروق الفردية في الذكاء سليمان الخضري الشيخ، (2008م).. عمان:دار المسيرة للنشر والتوزيع والطباعة.

56- صناعة الذكاء : د. طارق السويدان الطبعة الأولى 2008م شركة الإبداع الفكري للنشر الكويت.

57- صدق أنشطة الذكاءات المتعددة وفعاليتها في اكتشاف التلاميذ الموهوبين بالصف الخامس الابتدائي محمد رياض أحمد، (2004م)..مجلة كلية التربية ، المجلد العشرون العدد الأول يناير 2004م، جامعة أسيوط.

58- عادات العقل: آرثر كوستا وبنا كاليك. دار الكتاب التربوي للنشر والتوزيع، ترجمة مدارس الظهران – الطبعة الأولى 2003 م .

59- فاعلية برنامج مقترح قائم على نظرية الذكاءات المتعددة في تنمية بعض مهارات الاستماع والاستعداد للقراءة لدى أطفال الرياض وجيه أبو لبن، وسيد سنجي، (2008م).. مجلة القراءة والمعرفة،العدد الثالث والسبعون،يناير،الجمعية المصرية للقراءة والمعرفة، القاهرة:جامعة عين شمس،

60- فعالية استخدام المنظمات المتقدمة المرئية وأنشطة الذكاءات المتعددة في تنمية بعض مهارات التفكير لدى أطفال الرياض سمية أحمد، (2007م)..مجلة دراسات

في المناهج وطرق التدريس، العدد الثاني والعشرون بعد المائة، مارس، الجمعية المصرية للمناهج وطرق التدريس، القاهرة:جامعة عين شمس.

61- فعالية برنامج للعلوم بالمرحلة الابتدائية في ضوء نظرية الذكاءات المتعددة في تنمية التحصيل والذكاء الطبيعي وتعديل أنماط التعلم خالد الباز، (2006 م). ، دراسة منشورة في المؤتمر العلمي العاشر للتربية العلمية، المجلد الأول، الجمعية المصرية للتربية العلمية ،كلية التربية، جامعة عين شمس، القاهرة .

62- فاعلية وحدة مقترحة في الرسم البياني في ضوء نظرية الذكاءات المتعددة وأثرها على اتجاهات الطلاب نحو الرياضيات. محمود بدر (2003 م) .دراسة مقدمة في المؤتمر العلمي الخامس عشر مناهج التعليم والإعداد للحياة المعاصرة، دار الضيافة جامعة عين شمس، المجلد الثاني، الجمعية المصرية للمناهج وطرق التدريس، جامعة عين شمس : القاهرة .

63- فعالية برنامج مقترح لتدريس التاريخ في ضوء نظرية الذكاءات المتعددة على تنمية مهارات التفكير التاريخي لدى تلاميذ الصف الأول الإعدادي فايزة أحمد مجاهد، (2008م)..مجلة القراءة والمعرفة،العدد الثالث والثمانون،أكتوبر،الجمعية المصرية للقراءة والمعرفة، القاهرة:جامعة عين شمس،

64- فعالية برنامج قائم على الذكاءات المتعددة في تنمية المفاهيم العلمية وعلميات العلم والاتجاهات نحو العلوم لدى التلاميذ الصم سعيد يحيى، و أحلام الشربيني (2004م).. المؤتمر العلمي الثامن الأبعاد الغائبة في مناهج العلوم بالوطن العربي، المجلد الأول، الجمعية المصرية للتربية العلمية، كلية التربية، جامعة عين شمس.

65- قياس وتقييم قدرات الذكاءات المتعددة عبد الهادي حسين ، (2003م) عمان : دار الفكر .

66- كيف يمكنك قياس ذكائك من دون معلم: أيمن الشربيني: مؤسسة البستاني للطباعة 2002م.

67- لكي يتعلم الجميع دمج أساليب التعلم بالذكاءات المتعددة: هارفي ف.سيلفر، ريتشارد و.سترونج، ماثيو ج.بريني، دار الكتاب التربوي للنشر والتوزيع، ترجمة مدارس الظهران – الطبعة الأولى 2006م .

68- مدرسة الذكاءات المتعددة: د محمد عبد الهادي حسين . الطبعة الأولى 2005 م دار الكتاب الجامعي .

69- مثيرات الذكاء: جو كاميرون، ترجمة: هلا سليمان. دار الكتاب الجامعي ط1 (2007م).

70- نم قدراتك العقلية : فيليب كارتر وكين راسل، مكتبة جرير الطبعة الثانية 2007 م .

71- 400 سؤال في اختبارات الذكاء: فيليب كارتر وكين راسل، مكتبة جرير الطبعة الأولى 2008 م.

72- مدخلك العملي إلى ورش عمل قوة نظرية الذكاءات المتعددة عبد الهادي حسين، (2006م) عمان :دار الفكر.

73- مدى فعالية تقييم الأداء باستخدام أنشطة الذكاءات المتعددة لجادرنر في اكتشاف الموهوبين من تلاميذ المرحلة الابتدائية ، إمام سيد (2002 م)، مجلة كلية التربية، المجلد الثامن عشر، العدد 2 يوليو2002 م، جامعة أسيوط: أسيوط .

74- مداخل تعليم التفكير وإثراؤه في المنهج المدرسي حسني عبدالباري عصر، (1999م). الإسكندرية :المكتب العربي الحديث .

75- نظرية الذكاءات المتعددة وصعوبات التعلم "برنامج تعليمي لتعليم مهارات القراءة والكتابة" صباح العنيزات، (2009م)..عمان:دار الفكر .

76- نظرية الذكاءات المتعددة لهاورد جاردنر وتطبيقاتها في مجال صعوبات التعلم (رؤية مستقبلية). السيد علي أحمد، (2007م). المجلة العربية للتربية الخاصة، العدد الحادي عشر، سبتمبر، 2007م، الأكاديمية العربية للتربية الخاصة، الرياض.

ثانيا: المراجع والمصادر الأجنبية :

- Multiple Intelligences Dr. Spencer Kagan & Miguel Kagan
- IQ Mindbenders over 500 IQ puzzles Joe Cameron-2007
- IQ Brainteasers Norman Sullivan-with contributions from Ken Russell & Philip Carter-2007
- Test Your IQ : 400 New Tests to Boost Your Brainpower: Ken Russell and Philip Carter-2000
- IQ Grow Your Mind :Philip Carter-2008
- ADVANCED IQ TESTS: Philip Carter-2008
- The Ultimate IQ Test Book : PHILIP CARTER & KEN RUSSELL-2007
- http://www.brainbashers.com/canyoufindc.asp
- http://www.brainbashers.com/canyoufindI.asp
- http://www.brainbashers.com/canyoufind5.asp
- http://www.brainbashers.com/canyoufindn.asp
- http://www.brainbashers.com/showrectangles.asp
- http://www.arabicpuzzles.com/
- http://www.iqtest.dk/main.swf
- مؤشر أنواع الذكاء لدى الشخص أون لاين : www.ldcsb.on.ca/. ../index.html
- رابط آخر www.personal.psu.edu/ bxb11/MI/index.htm
- http://www.t2tuk.co.uk/Multiple%20Intelligences.aspx
- http://www.nhcs.k12.nc.us/instruction/ssflpe/honors/multiple_intelligences.htm
- http://www.lth3.k12.il.us/rhampton/mi/lessonplanideas.htm

Printed in the United States
By Bookmasters

T0300930

Printed in the United States
By Bookmasters